Oliver Mittelbach

AUF DEN SPUREN VON PATRICK SÜSKINDS „DAS PARFUM"

Eine Reise zu Romanschauplätzen

books&friends

AUF DEN SPUREN EINES MÖRDERS

Der 1985 erschienene Roman „Das Parfum – Die Geschichte eines Mörders" zählt mit rund zwölf Millionen verkauften Exemplaren zu den erfolgreichsten deutschsprachigen Romanen aller Zeiten. Über neun Jahre lang war Partrick Süskinds Roman auf der Spiegel-Bestsellerliste vertreten und führte unter anderem auch die Bestsellerlisten in den USA, England, Frankreich, Spanien und Italien an.

Grenouille, der Romanheld, lebt in einem Paris, das ganz anders ist als wir es heute kennen. Das 18. Jahrhundert ist seine Zeit, und seine Umgebung wurde von Zeitzeugen als so stinkend geschildert, dass man einige Umstände seines Alltags lieber gar nicht so genau kennen lernen möchte. Spannend ist, dass die meisten Schauplätze des Romans wirklich genauso aussahen, wie sie von Süskind beschrieben wurden. Inzwischen sind über 250 Jahre seit Grenouilles „Leben" vergangen, und viele Straßen, Orte und Plätze haben sich gewandelt. Trotzdem sind immer noch Spuren zu finden – aber man muss wissen, wo sie zu suchen sind.

Entdecken Sie das etwas andere Paris: Wussten Sie zum Beispiel, dass in unmittelbarer Nachbarschaft des heutigen „Forum des Halles" einst der größte Friedhof von Paris lag? Die unterirdischen Katakomben, die die wenigsten Touristen kennen lernen, ver-

mitteln einen lebhaften Eindruck der Vergangenheit – hat man doch den Inhalt gleich mehrerer überfüllter Friedhöfe hierhin „entsorgt" und sich wahrlich Mühe gegeben, ihn optisch ansprechend zu präsentieren.

Aber zum Glück gelangt unser Held Grenouille im Laufe seiner Geschichte auch an wohlriechende Orte. Die Provence und die Côte d'Azur sind seine Ziele. Vor allem in der Parfumstadt Grasse weiß man um die Popularität des Bestsellers: Wer dort auf den Spuren des „Parfums" wandeln möchte, kann sich einer vom Fremdenverkehrsverein geführten Tour anschließen.

Der weltweite Erfolg – in 42 Sprachen wurde der Roman übersetzt – weckte natürlich das Interesse der Filmindustrie. Der deutsche Produzent Bernd Eichinger war fast zwei Jahrzehnte nach Erscheinen des Romans der Auserwählte, der schließlich die Rechte an der Verfilmung bekam. Zusammen mit seinem Team suchte er nach Orten, an denen die historischen Szenen gedreht

werden konnten. In Paris war das kaum mehr möglich: Zu viel hatte sich dort verändert. Aber in Spanien, vor allem in Barcelona und Umgebung, fanden sich schöne, gut erhaltene Straßen und Dörfer aus dem Mittelalter und den folgenden Jahrhunderten, in denen die wichtigen Außenszenen authentisch gedreht werden konnten – häufig unter großem Publikumsandrang.

Für Leser und Fans bedeutet das: Wer auf den Spuren des „Parfums" reist, findet sich an den schönsten Fleckchen Frankreichs und Spaniens wieder. Paris, die Provence, die Côte d'Azur und Katalonien mit der Weltstadt Barcelona – das sind die Schauplätze für eine literarische Tour, die man heute völlig entspannt angehen kann. Denn Grenouille mordet nicht mehr …

AUF DEN SPUREN VON PATRICK SÜSKINDS ROMAN IN PARIS

DAS PARIS VON GRENOUILLE

Zu Beginn des 18. Jahrhunderts war Paris mit siebenhunderttausend Einwohnern die größte Stadt der Welt. Der Sonnenkönig Ludwig XIV. (1638–1715) förderte Kunst, Literatur und Wissenschaft, und nach römischem Vorbild ließ er Paris mit repräsentativen Bauten, Plätzen und Parkanlagen verschönern. Die französische Hauptstadt entwickelte sich zum städtebaulichen und kulturellen Vorbild in Europa.

Doch unter dieser glänzenden Oberfläche sah es anders aus. Durch die feudalen Zwangsabgaben an Gutsbesitzer und den Klerus lebten viele französische Bauern in Armut. Sie flohen in der Hoffnung auf ein besseres Leben vom Land in die Hauptstadt. Aber so schnell wie die Massen in die Stadt strömten, konnte Paris nicht wachsen: Seit dem Ende des 16. Jahrhunderts hatte sich die Bevölkerungszahl verdoppelt. So fristeten viele Menschen ihr Dasein in überbevölkerten Elendsquartieren und unter katastrophalen Bedingungen. Die hygienischen Verhältnisse zu jener Zeit sind für uns heute unvorstellbar.

Mit seinem Roman „Das Parfum" schickt Patrick Süskind seine Leser in das Paris des 18. Jahrhunderts. Zwischen 1739 und 1789 spielt die Geschichte, die von dem unheimlichen Mörder Grenouille erzählt. Er lebt in einem Paris, das noch nicht von Prachtboulevards und Luxus geprägt ist, sondern von engen Gassen, Platzmangel und fehlender Hygiene. Sein Milieu ist das der Armen und Waisen, der Märkte und Handwerker.

Abb. links | *Auf dem repräsentativen Rathausplatz wurden früher Köpfe abgeschlagen*

Abb. oben | *Von der Kirche Notre-Dame*
bietet sich ein fantastischer Ausblick

Schon im zweiten Absatz seines Romans verwendet
Patrick Süskind in nur dreißig Zeilen nicht weniger als
neunzehn Mal die Wörter „stinken" oder „Gestank".
Diese anschauliche Darstellung ist offenbar keineswegs
übertrieben, denn auch der Zeitzeuge Louis-Sébastien
Mercier beschreibt in seinem „Tableau de Paris" die
damaligen Zustände folgendermaßen:

„Enge, schlecht angelegte Straßen, viel zu hohe Häuser, die der
freien Zirkulation der Luft im Wege stehen, Schlächtereien,
Fischmärkte, Jauchegräben und Friedhöfe – all dies trägt zum
Verderb der Atmosphäre bei, sättigt sie mit schädlichen
Partikeln und bewirkt damit, daß die Luft überall dort, wo sie
eingeschlossen bleibt, dick und unbekömmlich wird. Übermä-
ßig hoch gebaute Häuser berauben die Bewohner der unteren
Geschosse außerdem des Lichts; selbst wenn die Sonne im
Zenit steht, herrscht dort noch ungewisser Dämmerschein."
(Mercier, Bild, Seite 39 f.)

Eine funktionierende Kanalisation existierte zu Grenouilles Zeit noch nicht. Stattdessen war jedes Gebäude mit einer Fäkaliengrube ausgestattet. Und das hatte höchst unappetitliche Konsequenzen:

„Diese unzähligen Latrinen verbreiten pestilenzialischen Gestank und verseuchen namentlich des Nachts, wenn sie geleert werden, ganze Quartiere, was schon manchen der Unglücklichen, die vom Elend gezwungen – solch gefährlicher und ekelhafter Arbeit nachgehen, das Leben gekostet hat. Häufig genug sind diese Gruben schlecht konstruiert und lassen ihren Inhalt in die benachbarten Brunnen sickern. Dies hindert jedoch die Bäcker nicht im geringsten daran, ihr Wasser wie seit eh und je von dort zu holen, obschon sie dadurch unser gebräuchlichstes Nahrungsmittel unvermeidlich zum Träger böser Keime machen. Auch kommt es vor, daß die Kloakenentleerer die Jauche der Einfachheit halber im Morgengrauen in den nächsten Abzugsgraben oder Rinnstein kippen, statt sie mühsam aus der Stadt zu schaffen. Langsam fließt dann die abscheuliche Soße die Straßen hinunter auf die Seine zu, an deren verseuchten Ufern dann die Wasserträger ihre Eimer wieder füllen – füllen mit dem Wasser, das die abgehärteten Pariser nun mal trinken müssen, ob sie wollen oder nicht.“ (Mercier, Bild, Seite 41 f.)

Dazu kamen die Ausdünstungen der Menschen. Seit dem 16. Jahrhundert war das Baden und Waschen verpönt; es herrschte der Aberglaube, dass durch das Badewasser Krankheiten in die aufgeweichte Haut eingeschwemmt werden könnten. Auch die katholische Kirche trug zum allgemeinen Gestank bei, indem sie aus moralischen Gründen ein öffentliches Badeverbot verhängte. Daran hielt sich sogar der König. Angeblich, so die Überlieferung, soll Ludwig XIV. zwischen 1647 und 1711 nur ein einziges Bad genommen haben. Seine Schweißfüße sollen so penetrant gestunken haben, dass selbst hartgesottene Höflinge seinen Geruch nicht ertrugen. Erst die zweite Hälfte des 17. Jahrhunderts brachte ein allmähliches Umdenken und damit bessere Luft für Paris.

Das Hallenviertel

Die Rue aux Fers, Grenouilles Geburts- ort, sucht man auf einem aktuellen Stadtplan von Paris vergeblich, denn sie existiert nicht mehr unter ihrem alten Namen. Seit 1864 ist der Abschnitt zwischen der Rue Saint-Denis und der Rue Baltard ein Teil der Rue Berger.

Seit dem Mittelalter befand sich an die- ser Stelle der wichtigste Markt von Paris. Bereits damals waren die ersten kleinen Markthallen errichtet worden. Im Laufe der Jahrhunderte kamen weitere hinzu, immer mehr Menschen zog es an diesen Ort des Handels, so dass das Viertel allmählich zu einem der düstersten und schmutzigsten Win- kel von Paris verkam. Kurz nach seiner Machtübernahme Mitte des 19. Jahrhunderts beauftragte Napoleon III. den Architekten Victor Baltard, das Gelände neu zu gestalten. Baltard plante zwölf große, gusseiserne

Der Protagonist von Süskinds Roman, Jean-Baptiste Grenouille wird im Juli 1738 an einem Fischstand in der Rue aux Fers geboren. Seine Mutter will ihn heimlich ver- enden lassen, aber Grenouille will leben und macht sich mit einem Schrei bemerkbar.

Abb. rechts | *Hier gibt es keinen Fischstand mehr, allenfalls einen FischMäc®*

Abb. unten | *Das Hallen- viertel zu Grenouilles Zeit*

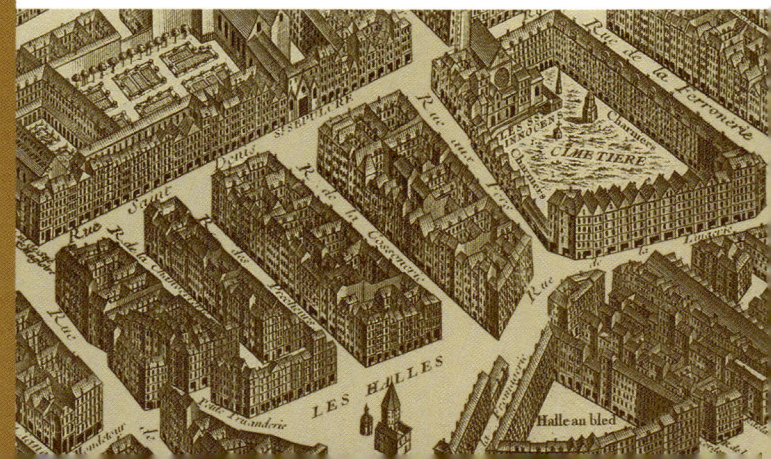

Markthallen, je eine für ein Gewerbe. Zehn Pavillons wurden zwischen 1852 und 1870 gebaut, und schon damals nannte man sie „Les Halles". Zwei weitere wurden 1936 fertig gestellt. Über hundert Jahre lang prägten die Hallen aus Eisen und Glas das alltägliche Leben in Paris. Napoleon III. nannte sie „den Louvre des Volkes", und der Schriftsteller Emile Zola prägte 1873 mit seinem Roman „Le Ventre de Paris" den Begriff „Der Bauch von Paris".

Nach achthundert Jahren seines Bestehens musste der Markt schließlich geschlossen werden. Der Lieferverkehr des 20. Jahrhunderts funktionierte in den engen Straßen nicht mehr. Chaotische Staus waren die Folge, die Belastung durch Lärm und Abgase extrem. Am Ende der 1960er Jahre wurde der Pariser Großmarkt in einen Vorort nahe des Flughafens Orly verlegt. Rungis ist noch heute der Inbegriff für qualitativ hochwertigen Wareneinkauf in der europäischen Gastronomie. Im Jahr 1972 wurden die alten Markthallen endgültig abgerissen.

Einzig der Pavillon Nummer acht, der den Geflügelmarkt schütz-
te, blieb als historisch wertvolles Monument erhalten und wurde
zehn Kilometer östlich von Paris wieder aufgebaut. Heute bildet
der Pavillon Baltard das kulturelle Zentrum der Gemeinde
Nogent-sur-Marne. Auf zweitausendsiebenhundert Quadratmetern Fläche finden Konzerte, Kongresse, Feste und Ausstellungen statt. Wer das schöne historische Gebäude betrachtet,
versteht, dass der Abriss der Hallen einen Proteststurm in Paris
ausgelöst hatte.

Abb. rechts | *Der letzte*
der Pavillons steht in
Nogent-sur-Marne

Abb. rechts unten |
Eine Konstruktion aus
Glas und Metall

Derweil gähnte mitten in Paris jahrelang eine gigantische Bau-
grube. Lange wurde diskutiert und gestritten, Lösungen wurden
ent- und wieder verworfen, bis das Forum des Halles im Jahr
1979 endlich eingeweiht werden konnte. Über vier Etagen erstreckt sich heute das größte Einkaufszentrum von Paris, außerdem ein Freizeitzentrum mit zahlreichen Kulturangeboten,
Kinos, Theatern, Restaurants, Cafés und einem Schwimmbad.
    Die Terrasse vor den halbrunden Glas- und Metallkon-
struktionen, die an die napoleonischen Hallen erinnern sollen,
ermöglicht einen Ausblick über die gesamte Anlage und hinüber
zur Kirche Saint Eustache. Das Leben spielt sich jedoch hauptsächlich unter der Erde ab: Die Passage mit fast zweihundert

Geschäften, darunter viele Modeboutiquen, erstreckt sich unterirdisch über sieben Hektar und gehört zu den umsatzstärksten Einkaufszentren Europas. Dort unten ist es ständig hektisch: Unter den Geschäften liegt eine riesige Métrostation, die täglich fast eine Million Reisende ausspuckt.

Rund um das Zentrum findet man heute anstelle bunten Markttreibens eine Menge Boutiquen, Souvenirshops und Fast-Food-Läden, die in dieser Kombination vorwiegend Touristen und die Immigrantenjugend aus den Vorstädten anziehen. Für letztere ist das Forum des Halles der wichtigste Treffpunkt im Pariser Zentrum. Vor allem nachts mischen sich hier Obdachlose und eine zwielichtige Großstadtsubkultur – nicht gerade ein Ort, an den man gerne geht.

In der Pariser Politik hat man inzwischen begriffen, dass etwas unternommen werden muss, um dem „Bauch von Paris" zu neuer Attraktivität zu verhelfen. Aus einem Wettbewerb ging der französische Architekt David Mangin Ende 2004 als Sieger hervor. Sein Entwurf für die Neugestaltung des Forum des Halles sieht vor, das Gelände überwiegend als Grünanlage mit breiten Alleen anzulegen, wobei ein Teil des Geländes mit Glas überdacht werden soll. Der Beginn der Arbeiten ist für 2007 geplant.

PLACE DE GREVE

Der Place de Grève ist seit dem 12. Jahrhundert bekannt. Der Platz erstreckt sich von der heutigen Rue de Rivoli bis hinunter zum Hafen am Seine-Ufer. Dessen Kiesstrand (französisch: „grève") verhalf diesem Ort zu seinen Namen. Doch die Historie des Platzes ist eher schauerlich, denn hier rollten unzählige Köpfe. Zwischen 1310 und 1830 fanden fast alle öffentlichen Hinrichtungen in Paris auf diesem Platz statt, und das waren nicht wenige. Auch die erste Enthauptung durch die Guillotine wurde 1792 auf diesem Platz vollzogen.

Grenouilles Mutter hatte es mit ihrer schnellen Enthauptung noch vergleichsweise gut getroffen: Qualvolle Hinrichtungsarten wie Verbrennen, Rädern und Vierteilen waren nämlich keine Seltenheit.

Grenouilles Mutter wird als mehrfache Kindesmörderin verurteilt und auf dem Place de Grève enthauptet.

Abb. links | *Der Place de Grève bot genügend Raum für die zahlreichen Schaulustigen, die zu den Hinrichtungen strömten*

Als die vielleicht grausamste Hinrichtung auf diesem Platz ist die von Robert-François Damiens im Jahre 1757 bekannt. Damiens hatte ein Messer-Attentat auf den König verübt, das dieser allerdings nur leicht verletzt überlebte. Die vorgeschriebene Strafe für Anschläge auf den König war das Vierteilen. Vorher aber wurde der Verurteilte mit glühenden Zangen gequält und die Hand, die das Messer hielt, wurde ihm verbrannt. Als er schon halbtot an die Pferde gekettet wurde, gelang es diesen nicht, den Körper auseinander zu reißen. Der Henker musste mit dem Messer nachhelfen.

Zu den Hinrichtungen strömten die Massen wie zu einem Schauspiel:
„Das gemeine Volk verlässt seine Werkstätten und Läden und schart sich um das Schafott; es will sehen, wie der Delinquent die große Tat hinter sich bringen wird, qualvoll vor Zuschauern zu sterben." (Mercier, Seite 117)

Wenn gerade nicht gehenkt wurde, versammelten sich auf dem Place de Grève Menschen, die keinen Arbeitsplatz hatten. Daher stammt vermutlich der französische Begriff für Streiken: „être en grève".

Nach der letzten Hinrichtung im Jahre 1830 wollte man mit der blutigen Vergangenheit abschließen und benannte den Platz um. Der gewählte Name „Place de l'Hôtel de Ville" ist nahe liegend, steht hier doch das Rathaus von Paris, das Hôtel de Ville.
Das Hôtel de Ville ist das zentrale Rathaus der Stadt Paris, zusätzlich besitzt jedes Arrondissement sein eigenes kleines Rathaus, „La Mairie".

Zunächst errichtete man auf dem Place de Grève während des 16. Jahrhunderts ein Rathaus im Renaissancestil.

Das Gebäude fiel jedoch während des Aufstandes der Pariser Kommune im Jahr 1871 den Flammen zum Opfer. Der Wiederaufbau des anschließend doppelt so großen Gebäudes, dessen beeindruckende Fassade mit zahlreichen Türmchen und Statuen verziert ist, erfolgte in Anlehnung an das alte Rathaus. Mit einer Länge von mehr als 110 Metern, 85 Metern Breite und 48 Metern Höhe gilt das Bauwerk heute als größte Stadthalle Europas. Eine virtuelle Tour durch das Hôtel de Ville kann man online unternehmen: http://streaming.paris.fr/visite-virtuelle/html/en/debit-en.html

SERVICE | Adresse: Hôtel de Ville; Place de l'Hôtel de Ville. | Öffnungszeiten zur Besichtigung: montags um 10.30 Uhr, am Freitag davor sollte man sich die Zeit unter der Telefonnummer 01 42 76 50 49 telefonisch bestätigen lassen. Auch individuelle Termine können unter dieser Nummer vereinbart werden. | Der Eintritt ist kostenlos. | Gruppen müssen sich für geführte Touren sechs Wochen im Voraus anmelden.

Hier, umrahmt von der Rue aux Fers, der Rue de la Ferronnerie, der Rue de la Lingerie (heute Passage des Lingeries) und der Rue Saint-Denis lag der „allerstinkendste Ort des gesamten Königreichs", schreibt Süskind in seinem Roman „Das Parfum" (Seite 7). Der Cimetière des Innocents verdankte seinen Namen einer benachbarten Kirche, die unschuldigen Kindern geweiht war. Bis zum Ende des 18. Jahrhunderts war er der größte innerstädtische Friedhof von Paris.

In unmittelbarer Nähe des Geburtsortes von Grenouille liegt der Friedhof Cimetière des Innocents, zu Deutsch: Friedhof der Unschuldigen. 29 Jahre und 26 Morde später kehrt Grenouille dorthin zurück und findet seinen eigenen Tod.

Abb. oben | *Das Pariser Rathaus, das Hôtel de Ville*

Abb. links | *Kein Ort zum Wohlfühlen: der Cimetière des Innocents im 18. Jahrhundert*

Bereits in gallo-römischer Zeit wurden an diesem Ort Tote beigesetzt. Um den Friedhof von den angrenzenden Märkten zu trennen, erhielt er im 12. Jahrhundert eine Außenmauer. Auf dem Cimetière des Innocents wurden die Verstorbenen aus rund zwanzig Pfarrgemeinden und aus dem Hospital Hôtel-Dieu beigesetzt. Bedingt durch die schnell wachsende Bevölkerung sowie Seuchen und Hungersnöte während des Mittelalters waren die Kapazitäten des Friedhofs bald erschöpft. Um wieder Platz zu schaffen, errichtete man ab dem 14. Jahrhundert so genannte

Beinhäuser. Die Toten wurden zunächst in der Erde beigesetzt, von der man behauptete, sie könne die Körper besonders schnell zersetzen. Nach Ablauf einer Ruhefrist wurden die übrig gebliebenen Knochen wieder ausgegraben und in den Beinhäusern aufgestapelt. Wie schaurig dieser Ort war, beschreibt Louis-Sébastien Mercier:

„Auf dem Friedhof der Unschuldigen Kinder, wo fünfzigtausend Totenschädel im Kreis aufgestapelt sind, passieren manchmal wunderliche Dinge: ein Totenkopf bewegt sich oder rollt ganz allein fort, und schon laufen die Leute herbei. Es war aber nur eine Ratte, die sich in dem Schädel eingenistet hatte und nicht mehr so leicht herauskonnte, wie sie hineingekrochen war. Unter diesem Knochenspeicher, dessen Anblick der schrecklichste im ganzen Weltall ist, hausen die Ratten zwischen den menschlichen Gebeinen, werfen sie durcheinander, heben sie hoch und scheinen dies Volk der Toten zu beleben. " (Mercier, Seite 218)

Abb. rechts | *Der einzige Renaissance-Brunnen von Paris*

Doch der Andrang war groß, die Ruhefristen in der Erde wurden immer kürzer – bis man schließlich auch noch nicht vollständig verweste Leichen wieder ausbuddelte, was einen bestialischen Gestank in der gesamten Umgebung verbreitete. Lautstark protestierten die Anwohner. Als dann im Jahr 1779 in der direkt an den Friedhof grenzenden Rue de la Lingerie mehrere Bewohner in ihren Häusern an Faulgasen erstickten, hatte auch der Polizeidirektor von Paris genug: Im November 1780 erteilte er den Befehl, den Cimetière des Innocents für immer zu schließen. Zu diesem Zeitpunkt lag das Niveau des Friedhofes ungefähr zweieinhalb Meter höher als das der umliegenden Straßen.

Nun galt es für die dort bereits liegenden Toten einen neuen Ort zu finden. Ab dem Jahr 1786 begann man damit, ihre sterblichen Überreste in die stillgelegten Steinbrüche unter der Stadt, die Katakomben, umzubetten. Insgesamt sollen auf dem Cimetière des Innocents die Überreste von zwei Millionen Toten ausgegraben worden sein.

Der Schritt von den Toten zum Lebendigen war radikal: Zunächst errichtete man auf dem ehemaligen Friedhof einen Markt für Lebensmittel, den „Marché des Innocents", bevor man sich besann und den Platz im Jahr 1858 zum Stadtgarten umgestaltete. Heute heißt der Platz Place Joachim du Bellay (häufig auch „Place des Innocents" genannt), und ist ein beliebter Treffpunkt von Jugendlichen. Nur noch der Renaissance-Brunnen in seiner Mitte erinnert an seine unschöne Vergangenheit.

Der Brunnen, la Fontaine des Innocents, wurde in den Jahren 1547 bis 1549 vom Architekten Pierre Lescot geschaffen. Die Skulpturen stammen von dem Bildhauer Jean Goujon und zeigen Nymphen, die aus Krügen Wasser ausgießen. Ursprünglich war der Brunnen Teil einer größeren Anlage, die an der Ecke Rue aux Fers/Rue Saint-Denis an die Kirche Saint-Innocents angebaut war. Als die Kirche zusammen mit dem Friedhof dem Erdboden gleich gemacht wurde, verlegte man diesen Teil im Jahr 1788 auf den neu entstandenen Platz.

EXTRA-TOUR | *Die Katakomben von Paris*

Schon zu gallo-römischer Zeit wurde unter den drei Hügeln Montparnasse, Montrouge und Montsouris Baumaterial abgebaut. Die dadurch entstandenen unterirdischen Stollen – angeblich sind rund dreißig Prozent der Fläche von Paris durch Steinbrüche unterhöhlt – wirkten auf die Stabilität der Oberfläche ein: Im Jahr 1774 stürzte ein Stück der heutigen Place Denfert-Rochereau in die Tiefe. Womit also die Hohlräume auffüllen, damit sie statisch wieder sicher würden? Kein Problem für die kreativen Pariser Stadtplaner des 18. Jahrhunderts – in Paris gab es zahlreiche völlig überfüllte Friedhöfe, die dringend geleert werden mussten. Insofern erfüllten die neu angelegten Katakomben einen doppelten Zweck.

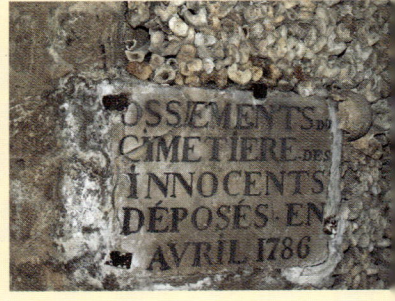

Im April 1786 wurden die so genannten Katakomben eingeweiht. Zwei Jahre lang zogen Nacht für Nacht Priester mit Totenkarren durch Paris und brachten die Gebeine der Toten vom Cimetière des Innocents dorthin. Auch die anderen innerstädtischen Friedhöfe wurden auf diese Weise „erleichtert". Zu den umgebetteten Gebeinen gesellten sich schon sehr bald die Leichen der Französischen Revolution. Hier zeigte sich wahre „Egalité": Dichter und Hure, Hausmädchen und Straßenräuber, Madame Pompadour und Maximilian de Robespierre – sie alle liegen hier unten vereint. Bis 1860, also nahezu ein Jahrhundert lang, wurden noch Gebeine in das Ossuarium geschafft. Insgesamt rund sechs Millionen Tote liegen in diesem unterirdischen Labyrinth.

Heute durchlaufen pro Jahr rund zweihunderttausend Besucher den knapp zwei Kilometer langen Skelett-Parcours.

Abb. oben | *Welch
schöne Liebeserklärung!*

Abb. links | *Ob hier
auch ein Knöchelchen
von Grenouille dabei ist?*

Der einzige offizielle Weg in die Katakomben beginnt am südlich
des Quartier Latin gelegenen Place Denfert-Rochereau. Von dort
führt eine Wendeltreppe mit einhunderteinunddreißig Stufen
hinunter in zwanzig Meter Tiefe. Unten läuft man zunächst
durch unspektakuläre, dunkle Gänge. Es ist so feucht, dass Wasser
von der Decke tropft. Damit der unkundige Besucher sich halb-
wegs orientieren kann, sind an den Wänden Straßenschilder
angebracht. Darauf steht, wo man sich überirdisch gerade befinden würde. Schließlich gelangt man an ein Tor, das von schwarz-
weißen Pfeilern eingerahmt ist. Die Inschrift auf dem Giebel
über dem Eingang verkündet, was den Besucher nun erwartet:
„Arrète! Ici c'est l'empire de la mort." – Hier beginnt das Reich
des Todes.

Soweit das Auge und das Licht der zweckmäßigerweise
mitgebrachten Taschenlampe reichen - nichts als Gebeine! Fein
säuberlich sortiert, liegen abwechselnd eine Schicht Knochen
und eine Schicht Schädel übereinander gestapelt und bilden so
die Seitenwände der Gänge. Gedenktafeln und Holzkreuze ver-
raten, von welchen Friedhöfen zu welcher Zeit die Gebeine in
dieses riesige Ossuarium gebracht worden sind. Hatte man
anfangs die Skelette noch unsortiert durch einen Schacht einfach

hinunter geworfen, begann man um 1810 mit dem Aufräumen. Sorgfältig wurden Knochen, Skelette und Schädel sortiert und ordentlich aufgestapelt. So lieblos das Ganze vorher zusammen geworfen worden war, so viel Mühe steckte man in die neue Anordnung: Immer wieder überraschen sorgfältig gestaltete Ornamente – hier ein Kreuz und ein Herz, dort gekreuzte Schienbeine oder ein Fries aus Beckenknochen. Makaber oder künstlerisch? Das mag jeder Besucher für sich entscheiden. Zwischendurch werden Tafeln mit Sinnsprüchen rund um den Tod sichtbar, beispielsweise:

„Wo ist er, der Tod? Immer zukünftig oder vergangen. Kaum ist er gegenwärtig, ist er es schon nicht mehr."

Traurige Berühmtheit erlangte ein Mann namens Philibert Aspairt, der 1793 versucht hatte, sich in dem über dreihundert Kilometer langen Labyrinth der unterirdischen Gänge zurechtzufinden. Er verirrte sich, und erst elf Jahre später entdeckte man sein Skelett. Durch die Schlüssel in seiner Kleidung konnte er identifiziert werden.

SERVICE | Adresse: Catacombes de Paris; 1, Place Denfert-Rochereau, Telefon 01 43 22 47 63 | Öffnungszeiten: dienstags bis sonntags von 10 bis 16 Uhr, montags und an einigen Feiertagen geschlossen. | Eintritt: 5 Euro, für Besucher von 14 bis zu 26 Jahren 2,50 Euro, für Kinder bis zu 13 Jahren freier Eintritt.

Rue Saint-Denis

Die Rue Saint-Denis, Heimat von Grenouilles Amme Jeanne Bussie, ist eine der ältesten Straßen der Stadt und keinesfalls irgendeine Straße. Schon häufiger in der Vergangenheit war sie Schauplatz besonderer Ereignisse. So zogen die französischen Könige über die alte Römerstraße feierlich nach Paris zu ihrer Krönung in der Kathedrale Notre-Dame ein. War das königliche Leben vorbei, wurden sie ebenfalls die Rue Saint-Denis entlang zu ihrem Begräbnis in die nördlich gelegene Basilika Saint-Denis getragen.

Heute ist der royale Glanz der Vergangenheit verschwunden. Im südlichen Teil, nahe dem Forum des Halles, ist die Straße autofrei. Hier gibt es viele Cafés und Jeansshops. Geht man weiter in Richtung Norden,

Grenouille wandert von Amme zu Amme, denn keine will ihn länger als ein paar Tage bei sich haben. Das Kind sei zu gierig, sagen sie, es sauge für zwei. Schließlich wird Grenouille der Amme Jeanne Bussie übergeben. Ihr Zuhause ist die Rue Saint-Denis.

Abb. oben | *Paris, die Stadt der Liebe?*

Abb. links | *Eine Wand aus Knochen*

Abb. rechts | *Eine der schönsten Passagen von Paris: Passage du Grand Cerf*

werden die Sexshops und Peepshows zahlreicher. Dazwischen stehen die Damen des horizontalen Gewerbes in den Hauseingängen der Stundenhotels und warten auf Kundschaft; vielen sieht man die langjährige Erfahrung in dem Geschäft an. Heute befindet sich hier das bekannteste Rotlichtviertel der Stadt. In französischen Medien wird die Rue Saint-Denis auch häufig als Synonym für Prostitution verwendet. Noch weiter nördlich wechselt das Bild wieder. Das Viertel Le Sentier ist das Zentrum der französischen Bekleidungsindustrie. Wer nun meint, hier ließe sich prima shoppen, der wird enttäuscht. Man findet keine hübschen Boutiquen, sondern nur Lager des Großhandels.

Sehenswert in dieser Straße sind allenfalls die Passagen. So zum Beispiel die schicke, kürzlich renovierte Passage du Grand Cerf aus dem Jahre 1835, und bei der Hausnummer 237 die noch ältere Passage du Caire mit einer ägyptisch angehauchten Innenausstattung (1799). Sie ist nicht nur die älteste noch erhaltene Passage in Paris, sondern mit 370 Metern überdachtem

Weg auch die längste. Ihren Namen erhielt sie als Reminiszenz an Napoleons ruhmreichen Feldzug zu den ägyptischen Pyramiden, den er während der Bauzeit unternahm.

Am nördlichen Ende der Straße, dort wo die Rue Saint-Denis auf den Boulevard Saint-Denis trifft, befinden sich zwei Triumphbögen: die Porte Saint-Denis und die Porte Saint-Martin. Sie wurden Ende des 17. Jahrhunderts zu Ehren Ludwig XIV. erbaut und sollen an seine Siege erinnern.

HINTERGRUND | *Findelkinder und Ammen*

Wie überall im Europa des 18. Jahrhunderts, waren auch in Paris Kindesaussetzungen in erster Linie eine Folge von Armut. Analog zur Bevölkerungszunahme kam es zur Verelendung ganzer Gesellschaftsschichten. Um ihr eigenes Überleben zu sichern, mussten Mann und Frau hart arbeiten, so dass für die Aufzucht des Kindes, insbesondere für das Stillen, oft keine Zeit blieb. Besonders uneheliche Kinder erfuhren dieses Schicksal. Den Müttern blieb kaum eine Möglichkeit, ihr Kind zu versorgen, und außerdem verringerte ein Kind die Chance, eine Ehe einzugehen, drastisch.

Wie enorm hoch die Zahl der ausgesetzten Kinder war, beschreibt der Chronist Mercier:

„Sechs- bis siebentausend Kinder werden im allgemeinen pro Jahr von ihren Eltern aufgegeben und ins Findelhaus gesteckt, während die Neugeborenen der restlichen Bevölkerung vierzehn- bis fünfzehntausend nicht überschreiten." (Mercier, Seite 247)

Grenouille hatte im Roman Glück, dass er nicht in ein Findlingshaus transportiert wurde. Die dortigen Zustände waren schlimm, Krankheiten und Hunger dezimierten die Reihen der jungen Bewohner dramatisch.

„Was bleibt aber nach zehn oder zwölf Jahren von diesen
sechs- bis siebentausend Kindern? Erschaudert! Höchstens
einhundertachtzig – und darin wird hier nicht übertrieben:
nach zuverlässigen Auskünften können wir bestätigen, daß der
Tod (sollen wir ihn mitleidig oder erbarmungslos heißen?)
solche gewaltige Zahl von Findlingen zu sich holt." (Mercier,
Seite 247).

In anderen Ländern sah es nicht viel besser aus:
Von insgesamt fünfzehntausend Babys, die in den Jahren
von 1755 bis 1773 im größten Findelhaus der Toskana
abgeliefert wurden, erlebten zwei Drittel ihren ersten
Geburtstag nicht.

Nicht nur Findelkinder wurden an Ammen übergeben, sondern auch Kinder von Eltern, die sich nicht
selbst kümmern konnten. Aus den Aufzeichnungen des
Pariser Polizeipräfekten von 1780 geht hervor, dass von
einundzwanzigtausend Kindern, die in jenem Jahr in
der Stadt geboren wurden, nur eintausend Kinder von
den eigenen Müttern gestillt wurden, weitere eintausend von Hausammen, und der allergrößte Teil,
nämlich neunzehntausend, von Ammen, die auf dem
Land lebten.

Der Transport der Babys aufs Land war anstren-
gend und gefährlich. Dicht gedrängt in Körben wurden
die Kleinen auf Karren oder auf dem Rücken von
Eseln durch die Gegend geschüttelt. Ein Teil von ihnen
starb bereits unterwegs.

Am Ziel angekommen, erfolgte meist die Unter-
bringung mit vielen anderen Säuglingen auf engstem
Raum. Das Stillen von zwei oder mehr Säuglingen
durch eine Amme war normal. Nur so konnte die
Amme ausreichend Geld verdienen, um davon leben zu
können.

Extra-Tour | *Centre Pompidou*

In unmittelbarer Nachbarschaft des Hallenviertels steht eines der Wahrzeichen von Paris. Das Centre National d'Art et de Culture Georges Pompidou, kurz Centre Pompidou, wurde im Jahr 1977 eröffnet. Im Durchschnitt werden 25.000 Besucher täglich gezählt, fünfmal mehr, als man ursprünglich erwartet hatte.

Initiator des Bauwerks war der ehemalige Staatspräsident Georges Pompidou (1911–1974), ein Bewunderer der Modernen Kunst. Sein Ziel war es, mitten in Paris ein großes Zentrum für Kunst und Kultur zu errichten. Aus dem Wettbewerb, zu dem sechshundertundachtzig Entwürfe aus aller Welt eingereicht wurden, ging das damals noch junge Architektenduo Renzo Piano und Richard Rogers als Sieger hervor. Die beiden wollten vermeiden, einen Kulturtempel zu bauen, der die Besucher einschüchtert. Offen und innovativ sollte das Zentrum werden – und das ist ihnen wahrhaftig gelungen.

Abb. unten | *Nein, das ist kein Gerüst – das ist Architektur!*

Als am 31. Januar 1977 nach fünf Jahren Bauzeit die über einhundertsechzig Meter lange Konstruktion aus Glas und Stahl eingeweiht wurde, wunderten sich nicht wenige Besucher über „die Gerüste an der Fassade". Manche Kritiker nannten das Centre Pompidou eine „Ölraffinerie im Stadtzentrum". Kein Wunder, denn dieser Bau sieht wirklich außergewöhnlich aus: Die Architekten haben nicht nur die tragende Stahlkonstruktion des Gebäudes nach außen gekehrt, sondern auch sämtliche Versorgungseinrichtungen. Die verschiedenen an der Fassade sichtbaren Farben kennzeichnen die Belüftung (blau), das Wasser (grün), die Aufzüge und Treppen (rot) sowie die Elektrizität (gelb). Bemerkenswert ist auch die außen liegende Rolltreppe, die wettersicher durch eine Plexiglasröhre rollt. Mit diesen ungewöhnlichen Maßnahmen haben die Architekten erreicht, dass die riesigen Hallen im Inneren weitgehend frei von Stützen und Pfeilern bleiben konnten, was eine flexible Gestaltung bei Ausstellungen ermöglicht.

Der Ansturm der Besuchermassen hinterließ Spuren am Gebäude, so dass schon nach gut zwanzig Jahren eine Renovierung notwendig war. Dabei wurden auch die Ausstellungsflächen im Inneren umgestaltet. Das Museum für Moderne Kunst erhielt doppelt so viel Platz wie zuvor, die Bibliothek umfasst nun drei Etagen und ist durch einen eigenen Zugang erreichbar. Nach zweijähriger Renovierungsarbeit wurde das Kunst- und Kulturzentrum pünktlich zu Beginn des Millenniums wiedereröffnet.

Abb. oben und rechts |
Zieht über fünf Millionen Besucher pro Jahr an: das Centre Pompidou

Das Museum für Moderne Kunst (Musée National d'Art Moderne) beherbergt eine der bedeutendsten Sammlungen von Werken des 20. Jahrhunderts. Sie enthält fast 53.000 Kunstwerke, von denen jeweils nur ein kleiner Teil in den ständig wechselnden Ausstellungen gezeigt werden kann. Welche Werke gerade präsentiert werden, kann man auf der Website des Museums nachlesen. Die Sammlung umfasst verschiedene Exponate: Gemälde, Skulpturen, Plastiken, Fotografien, Videoinstallationen, Architektur und Designobjekte.

Die Ausstellung erstreckt sich über die vierte und fünfte Etage; in der vierten sind Werke aus der Zeit nach 1960 zu sehen, in der fünften Kunst aus den Epochen von 1905 bis 1960 von Matisse, Picasso, Braque, Dali, Kandinsky und vielen anderen. Diese beiden Etagen werden zurzeit renoviert, so dass jeweils nur eine besucht werden kann. Die Wiedereröffnung ist für 2007 geplant. Das oberste Stockwerk des Centre Pompidou ist für Sonderausstellungen reserviert.

Außerdem befindet sich hier das in edlem Stil eingerichtete Restaurant Georges, das von seiner Dachterrasse einen schönen Blick auf das Viertel Beaubourg bietet.

Ein weiterer Grund für die hohen Besucherzahlen des Centre Pompidou ist die Bibliothèque publique d'information, die größte öffentliche Bibliothek Frankreichs. Sie ist frei zugänglich, ein Benutzerausweis oder eine Einschreibung sind nicht erforderlich. Trotz ihrer eintausendachthundert Leseplätze auf drei Etagen ist sie ständig überfüllt, und vor dem Eingang bilden sich oft lange Warteschlangen.

Trotz des attraktiven Angebots im Inneren kommen viele Besucher zum Centre Pompidou, weil die Atmosphäre draußen auf dem Vorplatz so viel Spaß macht. Ziel der Architekten war es, nach dem Vorbild der Piazza del Campo in Siena, einen öffentlichen und lebendigen Platz im Herzen der Stadt zu

schaffen. Vor allem im Sommer ist auf der „Piazza"
immer etwas los: Maler, Jongleure, Pantomimen,
Feuerschlucker und Straßenmusiker bieten künstlerische Kurz-Vorführungen – nicht organisiert, wie im
Inneren, sondern spontan und improvisiert und nicht
selten mit Beteiligung des Publikums.

SERVICE | Adresse: Centre Pompidou; Place Georges
Pompidou; Telefon 01 44 78 12 33 | Öffnungszeiten: Das
Centre Pompidou ist täglich außer dienstags von 11 bis
22 Uhr geöffnet. | Museum und Ausstellungen: täglich
außer dienstags von 11 bis 21 Uhr. Letzter Einlass um
20 Uhr. | Bibliothek: montags, mittwochs, donnerstags
und freitags von 12 bis 22 Uhr; samstags, sonntags und
an Feiertagen von 11 bis 22 Uhr. | Eintritt (Museum und
Ausstellungen): 10 Euro, ermäßigt 8 Euro. Für Besucher
unter 18 Jahren, Arbeitslose und Behinderte ist der
Eintritt frei. Am ersten Sonntag des Monats für alle
Besucher freier Eintritt. | Internet:
www.centrepompidou.fr

KIRCHE SAINT-MERRI

Der Legende nach kam der Abt St. Médéricus im 7. Jahrhundert aus dem Burgund nach Paris und lebte dort bis zu seinem Tod im Jahr 700 als Einsiedler in einer Holzzelle. An der Stelle seiner Zelle wurde 884 die nach seinem Kurznamen genannte Kirche Saint-Merri erbaut. Seitdem ist er der Schutzpatron der Gebiete am rechten Seine-Ufer in Paris. Die Gebeine des Abtes liegen heute in der Krypta unter dem nördlichen Querschiff der Kirche Saint-Merri.

Im Laufe der Zeit wurde die Kirche mehrmals umgebaut, damit der Ansturm der ständig wachsenden Bevölkerung im Hallenviertel bewältigt werden konnte. Das spätgotische Gebäude, das wir heute sehen, wurde zwischen 1500 und 1552 im so genannten „Flamboyant-Stil" vollständig neu erbaut. Einzig ein Fenster zur Rue Saint-Martin blieb

Auch die Amme Jeanne Bussie will Grenouille nicht bei sich großziehen. Sie stellt fest, dass er keinen Körpergeruch besitzt und glaubt deshalb, er sei vom Teufel besessen. Folglich will sie ihn bald wieder aus dem Haus haben und bringt ihn zu Pater Terrier von der Kirchengemeinde Saint-Merri.

von der alten Kirche übrig. Im Inneren dominiert die Architektur des Barock. Der Chor
entstand um die Mitte des 18. Jahrhunderts.

Auch diese Kirche wurde während der
Französischen Revolution schwer in Mit-
leidenschaft gezogen. Die kunstvollen Statuen
an der Außenfassade wurden zerstört, die
Kirche im Jahr 1793 geschlossen und in eine
Schießpulverfabrik umgewandelt. Erst ein
halbes Jahrhundert später machte man sich
daran, den Bau zu restaurieren, und auch die
Statuen an der Westfront wurden wieder
hergestellt. In der Folge erhielt der wieder
aufgenommene Kirchenbetrieb berühmtes
Personal: Camille Saint-Saëns, einer der
bedeutendsten französischen Komponisten
des 19. Jahrhunderts, diente der Gemeinde
Saint-Merri von 1853 bis 1857 als Organist.

Den Zerstörungen der Revolution ent-
gangen ist die Glocke im kleinen Turm an der
linken Seite der Fassade. Sie wurde im Jahr
1331 gegossen und ist heute die älteste
Glocke von Paris.

Abb. oben | *Ein
Schild erinnert an
das frühere Kloster
Saint-Merri*

Abb. links | *Kontrast-
programm: moderner
Brunnen vor altem
Gemäuer*

SERVICE | Adresse:
Eglise Saint-Merri; 78,
Rue Saint Martin

RUE DE CHARONNE

Das Quartier Faubourg Saint-Antoine erhielt seinen
Namen nach der im 12. Jahrhundert gegründeten Abtei
Saint-Antoine-des-Champs. Im 15. Jahrhundert befreite
der König alle Handwerker, die auf dem Gelände der Abtei arbei-
teten, von der Zunftpflicht. Das zog vor allem zahlreiche Tischler
und Furniermacher, die hier neue Techniken wie zum Beispiel
Intarsienarbeiten entwickelten, an.

Im 17. und 18. Jahrhundert gedieh der Bereich um die Rue de Faubourg-Saint-Antoine zum Zentrum des französischen Möbelhandwerks.

Am Ende des 20. Jahrhunderts vollzog das Quartier einen Wandel zum neuen „In-Viertel". Nahe der Bastille ließen sich Künstler sowie Betreiber von Restaurants, trendigen Bars und Boutiquen nieder. Die früheren Ateliers der Handwerker wurden renoviert und als Lofts teuer wieder verkauft.

Die Rue de Charonne zweigt von der Rue de Faubourg-Saint-Antoine in nordöstliche Richtung ab und erstreckt sich heute quer durch das 11. Arrondissement bis zur Südseite des bekannten Friedhofs Père Lachaise. Im 18. Jahrhundert war die Gegend noch von Gärten, Feldern und Wiesen geprägt. Madame Gaillard wohnt fast am Ende der Rue de Charonne in der Nähe des Klosters der Madeleine de Traisnel (im Roman „Trenelle"). Auf alten Karten ist das Benediktinerkloster noch zu finden, es wurde um die Mitte des 17. Jahrhunderts in Höhe der heutigen Hausnummer 100 erbaut. Heute stehen hier Bürogebäude, lediglich im Innenhof sind noch vereinzelt Überreste des ehemaligen Klosters zu sehen.

Das Benediktinerkloster Notre Dame de Bon Secours stammt aus dem Jahr 1648 und wurde während der Französischen Revolution geschlossen. Im Jahr 1802 eröffneten zwei Unternehmer in den Räumlichkeiten die erste Baumwollspinnerei Frankreichs. Anfang des 20. Jahrhunderts wurde dann zunächst die Kapelle, in den 70er Jahren schließlich die gesamte Fassade abgerissen.

Grenouilles Odyssee geht weiter, denn schnell wird er auch Pater Terrier unheimlich. Und weil Unwohlsein vor Christenpflicht geht, bringt der Pater den Jungen zu Madame Gaillard, die im Viertel Faubourg Saint-Antoine am Ende der Rue de Charonne wohnt. Weil der Pater weiterhin für den Jungen Unterhalt zahlt, nimmt sie ihn auf. Bei ihr bleibt Grenouille, bis er acht Jahre alt ist.

In der Rue de Charonne, dem Kloster gegenüber, lag das Stift der Notre Dame de Bon-Secours. Hier besucht Grenouille anderthalb Jahre lang die Pfarrschule.

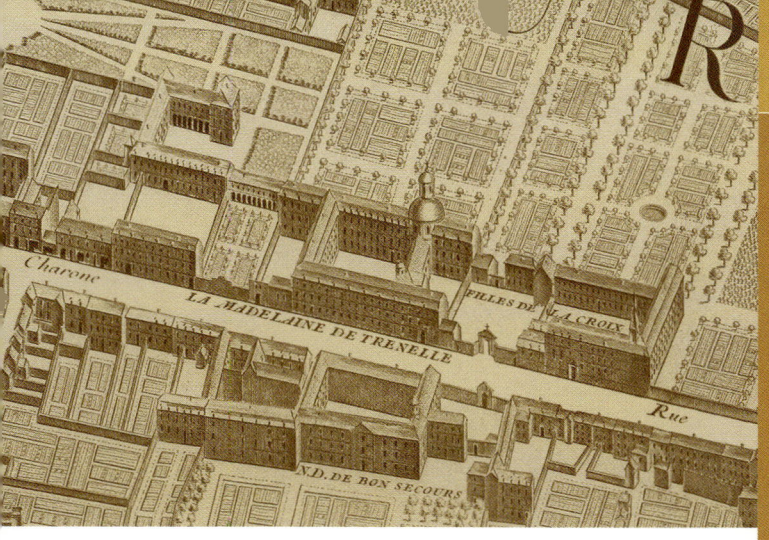

Auch das dritte Kloster, das im Roman erwähnt wird, existiert nicht mehr: das Dominikanerkloster der Filles de la Croix aus dem Jahr 1641. Hier arbeitet in Süskinds Roman der Gärtnergehilfe Jacques Lorreur, der bei Madame Gaillard gelegentlich aushilft.

Im Jahr 1904 wurde das Kloster geschlossen und zwei Jahre später abgerissen. Der Neubau von 1910 im Stil der Belle Epoque beherbergte zunächst ein Wohnheim für ledige Männer.

Der Erste Weltkrieg rief die meisten Bewohner an die Waffen; nach dem Krieg stand das Gebäude zunächst leer. Im Jahr 1926 kaufte die Heilsarmee das Gebäude in der Rue de Charonne Nummer 94 und schaffte hier mit dem „Palais de la Femme" einen Zufluchtsort für junge Mädchen und Frauen in Not. Dieser Aufgabe geht man bis heute nach, denn leider sind Themen wie Armut und Missbrauch im 21. Jahrhundert genauso aktuell wie damals.

HOTEL-DIEU

Das Hôtel-Dieu auf der Ile de la Cité ist das älteste Krankenhaus von Paris und das zweitälteste von ganz Frankreich. Heute ist es ein modernes Universitätskrankenhaus mit dreihundertfünfzig Betten. Zahlreiche Ärzte von Weltruf arbeiten hier. Doch das war nicht immer so.

Ursprünglich lag das Hôtel-Dieu südlich des heutigen Vorplatzes der Kathedrale Notre-Dame, dort, wo inzwischen das Reiterstandbild Karls des Großen steht. Gegründet wurde das „Haus Gottes" bereits im Jahr 660 von Bischof Landry. Auf dessen Kosten wurden dort Kranke aus der Stadt, aber auch Pilger versorgt. Im Hôtel-Dieu war jeder willkommen, unabhängig von Geschlecht, Alter, Herkunft oder Religion.

In den folgenden Jahrhunderten wuchs die Bevölkerung so stark, dass das Hôtel-Dieu immer weiter vergrößert werden musste. Obwohl die Ile de la Cité während des Mittelalters extrem dicht bebaut war, fand sich immer noch Platz. Als schließlich gar nichts mehr ging, baute man einfach eine neue Brücke, die Pont-au-Double, über einen Seitenarm der Seine. Darauf setzte man ein zweistöckiges Gebäude, in dem nun ebenfalls Kranke untergebracht werden konnten. Fast verwundert es nicht, dass die Brücke irgendwann einstürzte.

Dennoch baute man sie mitsamt der Krankensäle umgehend wieder auf. So stand sie dort bis 1847.

1799 wird die alte und kranke Madame ins Hôtel-Dieu gebracht, „in den gleichen, von Hunderten todkranker Menschen bevölkerten Saal, in dem schon ihr Mann gestorben war, (…)" (Seite 40). Drei Wochen später stirbt auch sie hier.

Abb. oben |
Das „Haus Gottes"

Abb. rechts | *Das Krankenhaus existiert noch, hat aber heute einen besseren Ruf als zu Grenouilles Zeit*

Doch auch der Anbau auf der Brücke war bald voll, das Hôtel-Dieu platzte aus allen Nähten. Meistens lagen drei, häufig aber auch vier oder fünf Kranke zusammen in einem einzigen Bett. Kranke wurden zu Sterbenden oder gar Toten gelegt. Die hygienischen Bedingungen waren grauenhaft, die Sterblichkeitsrate lag bei unvorstellbaren zwanzig Prozent! Mehrere Großfeuer, von denen das letzte im Jahr 1772 ausbrach, boten die Gelegenheit, einen großzügigen Neubau an anderer Stelle zu errichten. Doch diese Chancen blieben ungenutzt: Immer wieder wurde das Krankenhaus neu aufgebaut, und die Zustände blieben so katastrophal wie zuvor.

SERVICE | Adresse: Hôtel-Dieu; 1, Place du Parvis Notre-Dame.

Wer den Bericht des Chronisten Mercier liest, versteht die panische Angst der armen Madame Gaillard, hier zu enden:

„Das Haus Gottes! Alles ist hart und bitter an diesem Ort, wo alle leiden. Die verschiedensten Krankheiten befinden sich unter derselben Decke, das geringste Unwohlsein verwandelt sich in ein grausames Leiden. (…) Das Hôtel-Dieu in Paris besitzt alle Voraussetzungen, um pestilenzialisch zu sein. Wegen seiner feuchten, selten erneuerten Luft gehen die Wunden hier rascher in Brand über; Skorbut und Krätze befallen den Kranken, sobald er länger bleibt. Die einfachsten Krankheiten führen infolge unvermeidlicher Ansteckungen aus der Luft zu schweren Komplikationen. Aus dem gleichen Grund sind geringfügige Wunden am Kopf oder an den Beinen in diesem Krankenhaus tödlich. " (Mercier, Seite 256 f.).

Erst rund einhundert Jahre später, im Zuge der städtebaulichen Umgestaltung durch den Stadtplaner Baron Georges-Eugène Haussmann, wurde Abhilfe geschaffen. Haussmann, der den Auftrag erhalten hatte, das chaotisch überfüllte Paris mit seinen vielen engen Gassen in eine moderne Metropole zu verwandeln, machte zahlreiche mittelalterliche Bauten dem Erdboden gleich, um Platz für große Boulevards und Paläste zu schaffen. Auch die Ile de la Cité verschonte er nicht.

Das heutige Krankenhaus wurde zwischen 1868 und 1878 auf der anderen Seite des Vorplatzes der Kathedrale Notre-Dame neu erbaut. Nach der Fertigstellung wurde das alte Gebäude endgültig abgerissen.

Abb. oben | *Am schönsten bei Sonnen-aufgang: der Blick auf die Ile de la Cité*

EXTRA-TOUR | *Ile de la Cité*

GESCHICHTE

Wie ein gewaltiges Schiff liegt die Ile de la Cité inmitten der Seine. Sie gilt als histori-sches und geografisches Zentrum Frankreichs. Als die Römer im Jahr 52 vor Christus die Insel erreichten, lebte dort ein keltischer Stamm, die Parisii. Nach der Eroberung der Siedlung gründeten die Römer eine Stadt und nannten sie „Lutetia" – Asterix-Fans ist dieser Name als Machtzentrum des besetzten Galliens gut bekannt. Die Stadt dehnte sich recht schnell auf das linke Seine-Ufer aus, blieb aber politisch zunächst bedeutungslos. Im Jahr 506 eroberte der Frankenkönig Chlodwig die Stadt und machte sie zur Hauptstadt seines Reiches. Zu dieser Zeit erhielt sie den Namen Paris. Die Ile de la Cité wurde auserwählt, das Machtzentrum der französischen Könige sowie der Kirche und der Justiz zu beherbergen.

CATHEDRALE DE NOTRE-DAME

Kirche und Justiz bestimmen – neben den täglichen Touristenströmen – auch heute noch das Bild der Insel. Die Kathedrale Notre-Dame de Paris ist die meist besuchte Sehenswürdigkeit von Paris: Über zwölf Millionen Gäste sollen im Jahr 2005 dort gewesen sein. Dementsprechend lang sind oft die Wartezeiten, will man den Aufstieg auf die Kirchtürme antreten. Im zehnminütigen Rhythmus dürfen jeweils zwanzig Besucher hinauf, so dass man sich angesichts der üblichen Menschenschlangen leicht ausrechnen kann, wie lange das Anstehen dauern wird. Aber der Weg nach oben lohnt sich: Bei schönem Wetter bietet sich aus siebzig Metern Höhe ein wunderschönes Panorama über die Dächer von Paris. Und zudem wachen hier oben die dämonischen Gargoyles, die berühmten Wasserspeier, über die Stadt.

Im Inneren der Kathedrale beeindruckt zunächst die Größe: Bis zu neuntausend Kirchgänger finden in der größten Kirche von Paris Platz. Besonders sehenswert sind die riesigen Rosettenfenster. Die Fensterrose im Westen hat einen Durchmesser von zehn Metern und ist nach über siebenhundert Jahren noch unversehrt; das südliche Fenster misst sogar dreizehn Meter.

Der Grundstein für die gotische Kathedrale wurde im Jahre 1163 gelegt, wobei sich die Bauzeit über fast zwei Jahrhunderte erstreckte. Für viele Ereignisse in der französischen Geschichte bildete die mächtige Kathedrale die passende Kulisse: Die Krönung Heinrichs VI. (1430) fand dort statt, ebenso der Revisionsprozess für Jeanne d'Arc (1455) und die Trauung der jungen Maria Stuart mit Franz II. (1558). Während der

Abb. oben | *So schön wohnte der Glöckner*

Abb. links | *Er hat einen tollen Ausblick: Wasserspeier auf der Galerie*

Abb. unten | *Das 13 Meter hohe südliche Rosettenfenster*

Französischen Revolution blieb auch die Notre-Dame wie viele andere Kirchen nicht von der Zerstörungswut verschont. Weil danach zunächst nur wenig Instandsetzungsarbeit geleistet wurde, begann der Bau langsam zu verfallen. Erst als der berühmte Romancier Victor Hugo die Kirche zum Schauplatz seines Romans „Der Glöckner von Notre-Dame" (1831) machte, begann man eine umfangreiche Restaurierung des Bauwerks.

Heute ist von dem mittelalterlichen Kern der Insel, wie er von Victor Hugo in seinem Roman beschrieben wird, kaum noch etwas zu sehen. Als Baron Haussmann am Ende des 19. Jahrhunderts den Platz vor der Kathedrale anlegte, mussten dafür zahlreiche Gebäude, darunter auch Kirchen, abgerissen werden. Nur noch die Markierungen auf dem Vorplatz, dem Place du Parvis, erinnern an das Gewirr der kleinen Gässchen, die einst dort lagen.

Abb. rechts | *Der geografische Mittelpunkt Frankreichs liegt auf der Ile de la Cité in Paris*

Wer ein wenig suchen mag, findet mitten auf dem Platz eine in den Boden eingelassene Messing–Plakette. Sie markiert den so genannten Point Zéro, den Nullpunkt, von dem aus alle Entfernungen innerhalb Frankreichs gemessen werden.

SERVICE | Adresse: Cathédrale de Notre-Dame de Paris; 6, Place du Parvis; Telefon 01 42 34 56 10. | Öffnungszeiten: Von 7.45 bis 19 Uhr geöffnet. Während der Gottesdienste sind einige Teile des Doms für Besichtigungen nicht zugänglich. Eintritt frei. | Öffnungszeiten der Türme: Von April bis September täglich von 10 bis 18.30 Uhr, von Juni bis August an den Wochenenden bis 23 Uhr. Von Oktober bis März täglich von 10 bis 17.30 Uhr. | Eintritt: 7,50 Euro, ermäßigt 4,80 Euro. Von November bis März am jeweils ersten Sonntag des Monats freier Eintritt.

SAINTE-CHAPELLE

Die Cathédrale de Notre-Dame ist nicht die einzige sehenswerte Kirche auf der Ile de la Cité. Die wohl schönste Kirche von Paris, die Sainte-Chapelle, liegt ein wenig versteckt im weitläufigen Komplex des Justizpalastes. König Ludwig IX. ließ sie um die Mitte des 13. Jahrhunderts errichten, um dort die vermeintliche Dornenkrone Christi und einen Splitter des Kreuzes Jesu zu verwahren. Der Kauf dieser Reliquien hatte ihn drei Mal soviel gekostet wie der Bau der Kirche einschließlich der holzgeschnitzten Statuen der Apostel.

Ungewöhnlich ist, dass die Kirche zwei Stockwerke besitzt. Die untere Etage der Kapelle ist optisch recht unspektakulär, die obere macht dafür umso mehr her: Das Gewicht des sternenübersäten Gewölbes

Abb. oben | Für viele die schönste Kirche von Paris: Sainte-Chapelle

Abb. unten | Das gotische Gewölbe der Sainte-Chapelle

scheint nicht von Mauern getragen zu werden, sondern nur von den schlanken Streben und den fünfzehn Meter hohen Fenstern aus buntem Glas. Auf den Fenstern kann man genau 1.134 religiöse Szenen betrachten. Zwei Drittel dieser Fenster stammen noch aus dem 13. Jahrhundert, und bei Sonnenschein werfen sie ein wunderschönes Licht in die Kirche. Um die ganze Schönheit des großen Rosettenfensters zu erleben, empfiehlt sich ein Besuch bei Sonnenuntergang.

SERVICE | Adresse: Sainte-Chapelle; 4, Boulevard du Palais; Telefon 01 53 40 60 80. | Öffnungszeiten: von April bis September täglich von 9.30 bis 18 Uhr, von Oktober bis März täglich von 9 bis 17 Uhr. | Eintritt: 5,50 Euro, ermäßigt 3,50 Euro. Ein Kombiticket für die Kirche und die Conciergerie kostet 9 Euro, ermäßigt 6 Euro. Von Oktober bis März am jeweils ersten Sonntag des Monats und für Besucher unter 18 Jahren freier Eintritt.

Abb. oben | *Nicht nur Schmuck, sondern auch Teil der Statik: Die Buntglasfenster der oberen Kapelle*

Abb. unten | *Justizpalast und Sainte-Chapelle lohnen einen Besuch*

PALAIS DE JUSTICE

Dort, wo sich heute der Gebäudekomplex des Palais de Justice (Justizpalast) mit seiner mächtigen Fassade über die gesamte Breite der Ile de la Cité erstreckt, befand sich im Mittelalter das Palais de la Cité. Bis zur Mitte des 14. Jahrhunderts residierten dort Frankreichs Könige, danach zog das Parlament von Paris ein. In den folgenden Jahrhunderten wurde der Palast mehrfach durch Feuersbrünste zerstört und in veränderter Form wieder aufgebaut.

Vom ehemaligen Königspalast ist heute nur noch wenig erhalten, auch die Conciergerie ist bereits ein Anbau, den Philipp der Schöne (1284-1314) als Erweiterungsflügel des Palastes hinzugefügt hatte. Der Name leitet sich von „Concierge" ab, dem königlichen Verwalter des Gebäudes. Der gotische Saal der Waffenträger (La Salle des Gens d'Armes), der ehemalige Bankettsaal des Königs, vermittelt heute noch eine Vorstellung davon, wie prachtvoll der Palast einst ausgesehen haben muss. Er gilt als ältester, mittelalterlicher Saal Europas und beeindruckt mit seinen Maßen von vierundsechzig Metern Länge, siebenundzwanzig Metern Breite und einer Gewölbehöhe von über acht Metern.

Im Jahr 1391 wurde die Conciergerie in ein Gefängnis umgewandelt. Wie es zur damaligen Zeit üblich war, hing die Behandlung des Gefangenen von seinem Vermögen, seinem gesellschaftlichen Rang und seinen Beziehungen ab. Die Reichen konnten sich eine eigene Zelle mit Bett und Tisch kaufen. Die Ärmsten fristeten ihr Dasein in dunklen, stickigen Verliesen auf Stroh unter unvorstellbar unhygienischen Bedingungen – eine ideale Brutstätte für die Pest und andere Seuchen.

Während der Französischen Revolution wurde die Conciergerie zum berüchtigten Staatsgefängnis, in dem die Verurteilten auf ihren Abtransport zur Guillotine warteten. Im Obergeschoss kann man heute eine Nachbildung der Zelle, in der Marie-Antoinette vom 2. August bis zum 16. Oktober 1793 inhaftiert war, anschauen. In der Zelle der Königin standen lediglich ein Bett, ein Tisch und ein Stuhl, und nur durch einen Wandschirm war sie von den Wärtern, die sie Tag und Nacht bewachten, getrennt. In einer Nachbarzelle soll später Maximilian de Robespierre die Nacht vor seiner Hinrichtung verbracht haben.

Nach dem Ende der Schreckensherrschaft wurde die Conciergerie restauriert und im neugotischen Stil umgestaltet. Noch bis zum Jahr 1914 diente das Gebäude als Gefängnis, bevor es als historisches Monument klassifiziert und in ein Museum umgewandelt wurde. Am unteren Teil des Eckturmes befindet sich übrigens die älteste öffentliche Uhr von Paris. Sie wurde im Jahr 1370 eingeweiht und funktioniert heute noch.

Abb. unten | *Die älteste Uhr von Paris*

Service | Adresse: Conciergerie; 1, Quai de l'Horloge; Telefon 01 53 40 60 93. | Öffnungszeiten: von März bis Oktober täglich von 9.30 bis 18 Uhr. Von November bis Februar täglich von 9 bis 17 Uhr. | Eintritt: 6,50 Euro, ermäßigt 4,50 Euro. Ein Kombiticket für Conciergerie und die Kirche Sainte-Chapelle kostet 9 Euro, ermäßigt 6 Euro. Von Oktober bis März am jeweils ersten Sonntag des Monats und für Besucher unter 18 Jahren freier Eintritt.

Abb. rechts | *Nur eine Gravur ist Zeuge der Vergangenheit*

RUE DE LA MORTELLERIE

Alten Aufzeichnungen zufolge existierte an dieser Stelle bereits im 11. Jahrhundert eine Straße. Zunächst hieß sie Rue de la Foulerie, später dann Rue de la Mortellerie. Als im Jahr 1832 eine schwere Cholera-Epedemie allein in dieser Straße 300 Opfer forderte, brachten die überlebenden Bewohner eine Petition ein, den Namen ihrer Straße zu ändern, um die angeblich Unheil bringende Silbe „Mort" (übersetzt: tot) aus dem Namen zu verbannen. Seit dieser Zeit heißt die Straße Rue de l' Hôtel de Ville.

Die Rue de la Mortellerie war zu Grenouilles Zeiten noch länger als heute. Sie erstreckte sich von der Rue du Figuer bis hin zum Hôtel de Ville. Im Jahr 1837 fiel ein Teil der Straße der Vergrößerung des Hôtel de Ville zum Opfer, später wurden im Osten einige Häuser abgerissen, um Platz für den Garten des Hôtel de Sens zu schaffen.

Heute liegt die Straße parallel zum verkehrsreichen Quai de l'Hôtel de Ville. An dem Haus mit der Nummer 95 findet man noch eine Inschrift mit dem alten Straßennamen.

Nachdem Pater Terrier die Unterhaltszahlungen für Grenouille eingestellt hat, endet auch die Fürsorglichkeit von Madame Gaillard. Sie verkauft den achtjährigen Grenouille an den Gerber Grimal, der immer Bedarf an jugendlichen Hilfskräften hat. Bei Grimal erwartet Grenouille ein hartes Leben, nur knapp entkommt er nach einer schweren Krankheit dem Tod.

Pavillon de Flore und Pont Royal

Der Pavillon de Flore zieht sich entlang des rechten Seine-Ufers und gehört heute zum Musée du Louvre. Erbaut wurde er um das Jahr 1600, als Heinrich IV. beschloss, das frühere Stadtschloss der französischen Herrscher, den Tuilerienpalast, nach Süden zu verlängern und auf diese Weise mit der Grande Galerie des Louvre zu verbinden. In den folgenden Jahrhunderten stand der Pavillon immer wieder im Blickpunkt öffentlichen Interesses. Zur Zeit der Französischen Revolution wurde das Gebäude gestürmt, und Ludwig XVI. mitsamt seiner Familie gefangen genommen. Während der folgenden Schreckensherrschaft Maximilian de Robespierres tagte im Pavillon de Flore der Wohlfahrtsausschuss, die zentrale Schaltstelle des Terrorregimes. 1871, beim Aufstand der Pariser Kommune, wurde der Tuilerienpalast niedergebrannt, seine Überreste später auf Beschluss der Nationalversammlung abgerissen. Lediglich der Pavillon de Flore und der gegenüberliegende Pavillon de Marsan wurden als ein Bestandteil des Louvre wieder aufgebaut. Die Fassade des Pavillon de Flore spiegelt mit zahlreichen Skulpturen, Ornamenten und Girlanden die Architektur jenes Zeitalters wider.

Heute sind im ersten Stock des „Blumenpavillons" spanische und italienische Gemälde des 17. und 18. Jahrhunderts ausgestellt. Das von zwei Bronzelöwen bewachte Tor, die Porte des Lions, ist 1998 als Neben-

Im Schatten des Pavillon de Flore steht Grenouille und schaut gelangweilt dem Feuerwerk zu, das zu Ehren des Königs auf der Pont Royal veranstaltet wird. Plötzlich steigt ihm ein noch nie zuvor gerochener, wunderbarer Duft in die Nase.

Abb. rechts | *Die Pont Royal: Hier erschnuppert Grenouille erstmals verführerischen Mädchenduft*

Abb. unten | *Gut bewacht: Die Löwenpforte des Louvre*

eingang des Museums für Besucher geöffnet worden. Es lohnt sich, sich hier anzustellen, wenn die Warteschlange an der Pyramide wieder einmal sehr lang ist.

Am Ende des Gebäudeflügels erstreckt sich die Pont Royal. Die „königliche Brücke" verdankt ihren Namen dem Sonnenkönig Louis XIV., der den Bau finanzierte. Die fünfbogige Brücke entstand zwischen 1685 und 1689. Lange Zeit war sie der einzige Übergang über die Seine unterhalb der Pont Neuf und verband den ehemaligen Königspalast mit dem damaligen Vorort Faubourg Saint Germain.

Die Brücke hat Aufstände, Kriege, Überschwemmungen und die Aktivitäten von Baron Haussmann gut überstanden; fast unverändert steht sie seit über dreihundert Jahren da, lediglich der markante Buckel, auch „Eselsrücken" genannt, wurde um die Mitte des 19. Jahrhunderts etwas abgeflacht.

Service | Adresse: Pavillon de Flore, Musée du Louvre; 14, Quai François Mitterrand.

RUE DES MARAIS

Die Rue des Marais wird erstmals Anfang des 16. Jahrhunderts erwähnt. Seit 1864 trägt sie den Namen Rue Visconti, benannt nach dem französischen Architekten Louis Visconti (1791–1853), der unter anderem das Grab Napoleons I. im Invalidendom gestaltet hatte. Die Rue Visconti ist eine Querverbindung zwischen den beiden im Roman ebenfalls erwähnten Straßen Rue de Seine und Rue des Petit Augustins (heute Rue Bonaparte).

Einige Berühmtheiten lebten in dieser kleinen Straße: Der bedeutende Bühnenautor Jean Racine verbrachte die letzten sieben Jahre seines Lebens im Haus Nummer 24. Im Haus Nummer 17, in dem sich heute eine große Buchhandlung befindet, versuchte Honoré de Balzac sich in den Jahren 1826 bis 1828 als Betreiber einer Druckerei, was aber misslang und schließlich im Bankrott endete – vielleicht eine glückliche Fügung, denn schließlich erlangte Balzac als Schriftsteller große Berühmtheit. Im selben Haus hatte später der Maler Eugène Delacroix sein Atelier. Zu welchem Haus der Hinterhof gehören soll, in dem Grenouille im Roman das Mädchen mit den Mirabellen ermordet, bleibt allerdings unklar.

Damals wie heute war die Rue des Marais eine enge Gasse oder, wie Süskind schreibt, eine „kaum eine Armspanne breite Gasse" (Seite 53). Das ist schon ein wenig untertrieben, aber es gibt tatsächlich Stellen, die nicht mehr als dreieinhalb Meter breit sind.

Grenouille nimmt die Spur des verführerischen Duftes auf und gelangt über die Rue de Seine in eine kleine Gasse, die Rue des Marais. In einem Hinterhof entdeckt er die Quelle des Duftes. Sie wird sein Leben verändern …

Diese Enge war auch der Grund, warum die Aktions-künstler Christo und Jeanne-Claude die Straße als Ort

für ihr erstes monumentales Projekt auswählten. Im Jahr 1962 stapelten sie hier zweihundertvierzig leere Ölfässer zu einer vier Meter hohen, unpassierbaren Mauer. Das Kunst-werk nannten sie „Der Eiserne Vorhang" – ihr Kommentar zur Er-richtung der Berliner Mauer. Anders als heute kooperierten sie noch nicht mit den öffentlichen Behör-den. Weil die Aktion offensichtlich nicht offiziell genehmigt worden war, erschienen bald die Pariser „Flics" auf der Bildfläche, die die kreative Umgestaltung der Rue des Marais gar nicht mochten. Nur etwa acht Stunden lang existierte das Kunstwerk, dann mussten Christo und Jeanne Claude auf Anordnung der Polizei ihr Werk wieder abbauen und die Straße räumen.

Abb. oben | *Schöner Service für Fans des Buches „Das Parfum": Der alte Straßename bleibt sichtbar*

Abb. links |
Unscheinbar wirkt die Rue des Marais. Dennoch war sie Ziel vieler Berühmtheiten von Balzac bis Christo

Wer auf der Suche ist nach Kunst, die etwas länger erhalten bleibt, kann heute in den mit zahl-reichen Galerien bestückten Straßen rund um die Kunsthochschule sowie auf der Rue Visconti fündig werden. Nahezu jedes zweite Geschäft beherbergt eine Galerie mit Bildern, Plastiken oder Kunsthandwerk.

RESTAURANT LA TOUR D'ARGENT

Nachdem der Parfumeur Baldini entdeckt hat, wie talentiert Grenouille Düfte mischt, will er Grimal den ungewöhnlichen Jungen abkaufen. Bei einer Flasche Weißwein im Gasthof La Tour d'Argent beschließen die beiden Händler das Geschäft. Voller Freude über seinen gelungenen Verkauf betrinkt sich Grimal und bezahlt dafür noch am selben Abend mit dem Leben – sturztrunken fällt er in die Seine und ertrinkt.

SERVICE | Adresse: La Tour D'Argent, 15-17, Quai de la Tournelle. Telefon: 01 43 54 23 31 | Öffnungszeiten: montags Ruhetag, dienstags nur abends geöffnet.

Das La Tour D'Argent ist das älteste Restaurant von Paris. Bereits 1582 befand sich an diesem Standort unter gleichem Namen eine Herberge, die der Besitzer im Jahr 1780 in ein Restaurant umwandelte. Schon damals muss die Küche gut gewesen sein. Das La Tour D'Argent galt als so begehrter Treffpunkt, dass die Gäste angeblich Duelle austrugen, um einen Tisch zu ergattern.

Das Restaurant liegt im sechsten Stock eines Hauses am linken Seine-Ufer. Der Ausblick auf die Ile de la Cité mit der Kathedrale Notre-Dame ist von dort oben einmalig schön. Kaum weniger spektakulär als die obere Etage ist der Weinkeller, der eher schon einem Weinmuseum gleicht. Hier lagern über 500.000 Flaschen Wein – der älteste ein Bordeaux aus dem Jahr 1858. Dass der vermutlich seine besten Jahre hinter sich hat, scheint angesichts des historischen Wertes nicht so wichtig.

Noch heute kommen Gäste ins La Tour D'Argent, um die Spezialität des Hauses zu probieren: „Caneton Tour d'Argent" – junge Ente in Blutsauce. Seit 1890 wird jedes der Tiere nach einem geheimen Rezept zubereitet und mit einer Nummer versehen serviert. Der Gast erhält zur Erinnerung ein Zertifikat mit seiner Nummer, und in einem Gästebuch wird festgehalten, wer wann die wievielte Ente verspeiste. So weiß man, dass Franklin D. Roosevelt im Jahr 1929 Ente Nummer

112.151 aß, die englische Queen Elizabeth II. Ente Nummer 185.397 verzehrte und Paul McCartney Ente Nummer 692.048 genoss. Gastronomen, die ihre Kreationen so geschickt zu vermarkten wissen, sind zu noch Höherem berufen: Im April 2003 wurde der Verzehr der einmillionsten Ente mit einem großen Feuerwerk über der Kathedrale Notre-Dame gebührend gefeiert.

Fraglich ist, wie sehr das La Tour D'Argent heute vor allem von seinem legendären Ruf zehrt. Einige Kritiker bemängeln, die Küche sei zu traditionell. Das befand auch der Michelin-Restaurantführer: In der Ausgabe 2006 wurde dem ehemaligen Drei-Sterne-Restaurant nach 1996 ein weiterer Stern gestrichen, so dass ihm jetzt nur noch ein einziger bleibt.

Wer sich trotzdem in die prominente Gesellschaft der Entenesser einreihen und sich ein Zertifikat als Souvenir an die Wand hängen möchte, muss einige Wochen im Voraus einen Tisch reservieren und bereit sein, rund 300 Euro in ein Menü für zwei Personen zu investieren. Die Gefahr, wie Gerber Grimal nach einem Besuch sturztrunken in der Seine zu landen, ist bei den teils astronomischen Preisen für die Raritäten auf der umfangreichen Weinkarte dann doch eher gering.

Abb. links | *Cleveres Marketing brachte sogar die englische Queen dazu, hier Ente in Blutsauce zu essen*

PONT–AU–CHANGE

Die Pont-au-Change verbindet die Ile de la Cité mit dem rechten Ufer der Seine. Heute ist die Brücke ein Teil der Verkehrsachse, die von den Boulevards de Sébastopol und Saint-Michel gebildet wird.

Schon um 872 nach Christus stand an dieser Stelle eine steinerne Brücke, die für einige Jahrhunderte der einzige Weg über den Hauptarm der Seine war. Bereits vorher, zu gallo-römischer Zeit, soll es eine Holzbrücke gegeben haben. Im Jahr 1441 wies König Louis VII. alle Goldwarenhändler und Geldwechsler an, sich auf dieser Brücke niederzulassen. Zu dieser Zeit erhielt sie den Namen „Pont-au-Change", also „Wechselbrücke". Nach und nach wurden Häuser und Wechselstuben errichtet, seit 1516 auch Wohnungen. Kleine Zimmer standen außerhalb des Brückengeländes auf Pfählen in der Seine.

Bei Parfumeur Baldini auf der Pont-au-Change lernt Grenouille die Geheimnisse der Duftgewinnung, Destillation und Parfumherstellung und erwirbt den Gesellenbrief. Grenouilles geniale Kreationen bringen dem alternden Baldini unverhofft großen Erfolg.

Abb. oben | *Noch im 18. Jahrhundert waren viele Brücken von Paris dicht bebaut*

Abb. rechts | *Das „N" steht für Napoléon*

Überbaute Brücken waren im historischen Paris Gang und Gäbe. Erst die Pont Neuf blieb ohne Bebauung.

Im Oktober 1621 zerstörte ein großes Feuer die Pont-au-Change. Damals fielen sämtliche Läden, rund einhundert an der Zahl, den Flammen zum Opfer. Zwischen 1639 und 1647 wurde die Brücke mit sieben Bögen wieder aufgebaut, auf ihr über einhundert vierstöckige Häuser. Mit einer Breite von über zweiunddreißig Metern war sie damals die breiteste Brücke der Stadt.

Inzwischen hatten sich nicht nur Goldhändler angesiedelt, sondern auch andere Kaufleute, Kunsthandwerker, Betreiber teurer Modegeschäfte, und tatsächlich: Auch ein Parfumeur eröffnete auf der Pont-au-Change sein Geschäft!

Süskind schreibt in seinem Roman, dass Baldinis Haus im Mai 1756 einstürzte, wobei der Parfumeur den Tod fand. In der Realität kam es erst 1785 zum Einsturz von fünf Häusern. Dieser Zwischenfall gab den Ausschlag dafür, zwei Jahre später auch die restlichen auf der Brücke verbliebenen Häuser abzureißen.

Am Ufer der Ile de la Cité liegt die Conciergerie, das berüchtigte ehemalige Staatsgefängnis. Zwischen Januar 1793 und Mai 1795 wurden dort mehr als 2.700 Menschen zum Tode verurteilt. Für viele der Opfer führte der letzte Weg über die Pont-au-Change zur Guillotine.

Als Baron Haussmann um die Mitte des 19. Jahrhunderts begann, Paris zu einer modernen Metropole umzugestalten, passte die Pont-au-Change nicht mehr in das städtebauliche Konzept. Die heutige Brücke wurde zwischen 1858 und 1860 unter der Führung der Architekten Vaudrey und De Lagalisserie neu gebaut. Das napoleonische „N", das als Emblem über jedem Pfeiler steht, zeugt von dieser Zeit.

Extra-Tour | *Parfummuseen in Paris*

Wer nicht die Möglichkeit hat, den Spuren Grenouilles in die Parfumstadt Grasse zu folgen, bekommt auch in Paris die Gelegenheit, Wissenswertes über die Parfumherstellung zu erfahren, und das sogar kostenlos.

Das Parfummuseum in der Nachbarschaft der Opéra de Paris steht unter der Leitung des Grasser Herstellers Fragonard. In einem schönen Stadthaus aus dem Jahr 1860 wird der Besucher in die dreitausendjährige Geschichte des Parfums eingeweiht. In edlem Ambiente mit alten Möbeln und Ölgemälden an den Wänden sind schöne Flakons aus vielen Epochen sowie Geräte zur Parfumherstellung ausgestellt. Auch über die Rohstoffe lässt sich einiges erfahren. In einer Vitrine zum Beispiel findet man so seltene Dinge wie die Drüsensäcke eines Bibers, aus denen früher der Duftstoff Castoreum, auch Bibergeil genannt, gewonnen wurde. Zum Glück für die Biber wird dieser Duftstoff heute auf synthetische Weise erzeugt.

Eine zweite Möglichkeit, Parfum zu schnuppern, stellt das Museumtheater Capucines dar, ebenfalls in den Händen von Parfumeur Fragonard. Erbaut im Jahr 1895, wurde das Theater 1993 zum Museum umfunktioniert. Hier wird größeres Gewicht auf die speziellen Verfahren zur Herstellung gelegt. Zu sehen sind unter anderem kupferne Destilliergeräte aus dem 19. Jahrhundert, und die damaligen Methoden der Duftgewinnung werden anschaulich präsentiert.

Service | Adresse: Musée du Parfum Fragonard; 9, Rue Scribe; Telefon 01 47 42 04 56. | Öffnungszeiten: montags bis samstags von 9 bis 18 Uhr, sonn- und feiertags von 9.30 bis 16 Uhr.

Adresse: Le Théâtre Musée des Capucines; 39 Boulevard des Capucines; Telefon 01 42 60 37 14. | Öffnungszeiten: werktags von 9 bis 17.50 Uhr, an Feiertagen von 9.30 bis 16 Uhr, sonntags geschlossen.

Auf eigene Faust:
Parfum-Tour durch Paris

Die Tour beginnt am FORUM DES HALLES, das mit der Métro sehr gut zu erreichen ist. Wir widerstehen der Versuchung, im Einkaufscenter in Frankreichs größte Buchhandlung FNAC zu gehen, sondern verlassen das Forum und steuern als erstes die FONTAINE DES INNOCENTS an. Wo der Brunnen steht, befand sich einst der größte Friedhof von Paris, der Cimetière des Innocents. Und hier wird am Ende des Romans Grenouille des Nachts von den liebestollen Verbrechern aufgefressen. Mit diesem Wissen im Hinterkopf schmeckt der Burger vom gegenüber liegenden McDonald's auf der Umrandung des Brunnens sitzend gleich doppelt gut...

Mit dem Forum im Rücken gehen wir die RUE BERGER, die im 18. Jahrhundert Rue aux Fers hieß, entlang und überqueren die RUE SAINT-DENIS. Die Damen, die in dieser Straße stehen, sind sicher keine Ammen, und darum geht es direkt weiter geradeaus, bis wir nach kurzer Zeit das Kunst- und Kulturzentrum CENTRE POMPIDOU erblicken. Für eine Pause auf der Piazza Pompidou ist es jetzt noch zu früh, aber die Fassade des Gebäudes wollen wir auf jeden Fall bestaunen.

Abb. oben | *Spiegelung auf der Terrasse des Forum des Halles*

Abb. links | *Das Parfummuseum in der Rue Scribe*

Ein Besuch des Musée National d'Art Moderne im Rahmen der Parfum-Tour würde selbigen sprengen, und daher biegen wir nun in südliche Richtung in die Rue Brismiche ein. Im Hintergrund sehen wir bereits die wuchtige KIRCHE SAINT-MERRI, doch vorher widmen wir unsere Aufmerksamkeit dem farbenfrohen STRAWINSKY-BRUNNEN. Die bunten Figuren der französischen Künstlerin Niki de Saint Phalle visualisieren Werke des russischen Komponisten Igor Strawinsky.

Der Weg führt uns um die Kirche herum. Wenn sie geöffnet ist, schauen wir uns den barocken Innenraum an. Nachdem wir wieder die Rue Saint-Martin betreten haben, geht es links entlang bis zur Rue Rivoli, in die wir links einbiegen und ihr bis zu einem großen Platz folgen. Dies ist der ehemalige Place de Grève, heute PLACE DE L'HOTEL DE VILLE. Nach einem ausführlichen Blick auf die prächtige Rathausfassade wenden wir uns nun in Richtung Seine.

Am Ufer angekommen, sehen wir auf die Ile de la Cité den lang gestreckten Bau des HOTEL DIEU. Wir überqueren die Seine und wandern an ihrem Ufer am Krankenhaus entlang – erleichtert, dass heute im Hôtel

Dieu gänzlich andere Verhältnisse herrschen als im 18. Jahrhundert. Die Brücke in Höhe des Krankenhauses ist die Pont Notre-Dame, die nächstfolgende die PONT-AU-CHANGE. Es ist schon einiges an Fantasie nötig, um sich vorstellen zu können, dass diese Brücke einst mit mehrstöckigen Häusern bebaut war.

Am Anfang der Brücke stehend schauen wir nach links und bewundern die alte Uhr an der Fassade der CONCIERGERIE. Wer möchte, kann die Conciergerie auch besichtigen und sich unter anderem die Zelle ansehen, in der einst Marie-Antoinette bis zu ihrer Hinrichtung gefangen gehalten wurde. Ein Kombiticket erlaubt die Besichtigung der schönen gotischen Kirche SAINTE-CHAPELLE nebenan – unbedingt empfehlenswert. Danach biegen wir in die Rue de Lutece ein, wo sich die MÉTROSTATION CITÉ befindet. Bevor wir die Treppen zur Métro hinunter gehen, bummeln wir über den

Abb. links | *Der "Feuervogel" neben dem Centre Pompidou*

Abb. unten | *Der ehemalige Richtplatz Place de Grève*

schönen Blumenmarkt, einen der letzten in Paris. Sonntags findet hier ein Vogelmarkt statt.

Wir nehmen die METRO 4 in Richtung der Porte d'Orléans und steigen an der dritten Station SAINT-GERMAIN-DE-PRÈS wieder aus. Noch heute gilt das Viertel Saint-Germain-de-Prés als der Inbegriff des literarischen und intellektuellen Lebens in Paris. Hier befinden sich zahlreiche Verlage, Buchhandlungen, Galerien, die Kunsthochschule und unzählige Cafés.

Abb. links |
Französische Lebensart

Abb. unten | *Unterwegs gibt es nostalgisch anmutende Poster für zu Hause*

Das Zentrum ist zweifelsfrei der Platz um die gleichnamige Kirche, die übrigens die älteste von Paris ist. Zwischen den beiden Weltkriegen traf sich die geistige Elite hier regelmäßig im Café Les Deux Magots und im Café de Flore, darunter auch Jean-Paul Sartre, Simone de Beauvoir und Ernest Hemingway.

Weiter geht es in der RUE BONAPARTE, vorbei an kleinen Galerien und chicen Boutiquen. Wir überqueren die Rue Jacob und biegen daraufhin rechts in eine kleine, unscheinbare Straße ab. Die Beschilderung am Eckhaus zeigt an, dass wir uns jetzt in der ehemaligen Rue des Marais befinden, die heute RUE VISCONTI heißt. Trotz intensiven Schnupperns können wir nicht herausfinden, in welchem Innenhof Grenouille sein erstes Opfer entdeckte.

Wir durchqueren die enge Gasse bis zum Ende und biegen links in die RUE DE SEINE ein. Vorbei an den Auslagen der Galerien führt uns unser Weg in Richtung der Seine. Zur Rechten sehen wir das prächtige Institut de France, die französische Akademie der Wissenschaften. An der Stelle, an der die Rue de Seine auf den QUAI MALAQUAIS stößt, befindet sich auf der linken Seite unter der Nummer 3 das Haus, in dem Alexander von Humboldt einst wohnte und an seinen Reiseberichten schrieb.

Literarisch eingestimmt setzen wir den Weg am Seine-Ufer fort, denn dort stehen die Buchhändler, die so genannten „bouquinistes", mit ihren Ständen. Für Leseratten ist es natürlich eine Verlockung, hier in den Kartons nach Schönem, Altem oder Originellem zu stöbern. Auf der anderen Seite der Seine erkennen wir bereits den Denon-Flügel des Louvre. An dessen Ende befindet sich der PAVILLON DE FLORE, die letzte Station auf unserer Tour.

E s gibt mehrere Möglichkeiten, nach Paris zu kommen; mit der Bahn, dem Flugzeug oder dem eigenen Auto. Im Unterschied zu Flügen in andere europäische Metropolen ist das Angebot der Billig-Airlines für Paris eher beschränkt. Je nach Wohnort ist eine andere Anreise zeitlich und preislich attraktiver.

MIT DEM ZUG

Insbesondere aus dem Westen Deutschlands ist die Anreise mit dem Zug sehr attraktiv; mit dem Thalys ist man von Köln in rund vier Stunden in Paris, von Aachen aus dauert es sogar nur etwas über drei Stunden. Zeiten und Preise im Internet unter www.thalys.com.

MIT DEM AUTO

Bei der Anreise mit dem Auto muss berücksichtigt werden, dass fast alle Autobahnen in Frankreich gebührenpflichtig sind. Von Nord- und Westdeutschland über Aachen durch Belgien kostet die Maut für Pkw ca. 12,50 Euro. Von Mittel- und Süddeutschland, auch Österreich fährt man über Metz (ca. 31,90 Euro).

MIT DEM FLUGZEUG

Die französische Metropole hat zwei internationale Flughäfen. Der Aéroport Charles de Gaulle (CDG) ist der größte Flughafen Frankreichs und nach London Heathrow und Frankfurt der drittgrößte Europas. Er befindet sich ungefähr sechsundzwanzig Kilometer nordöstlich vom Zentrum und wird vor allem von den großen Linienmaschinen angeflogen.

FOLGENDE AIRLINES FLIEGEN CHARLES DE GAULLE DIREKT AN:

Lufthansa, Air France, Austrian Airlines, Swiss International Airlines, Air Berlin, easyJet, Germanwings. Der zweite Flughafen ist der Aéroport Orly (ORY), vierzehn Kilometer südlich von Paris gelegen. Hier starten und landen überwiegend Inlandsflüge.

VOM FLUGHAFEN IN DIE STADT

Taxifahrten von den Flughäfen in die Innenstadt kosten ca. 36 Euro vom Flughafen Charles de Gaulle und rund 25 Euro von Orly - flüssiger Verkehr vorausgesetzt. Deutlich preiswerter und oft auch schneller sind die öffentlichen Verkehrsmittel. Eine vollständige Übersicht erhält man im Internet auf der Website der beiden Pariser Flughäfen (www.adp.fr).

CHARLES DE GAULLE

Der schnellste Weg, um in die City zu kommen, ist der mit der S-Bahn. Die RER-Schnellzuglinie B verkehrt zwischen dem Flughafenbahnhof in Terminal 2 und dem Bahnhof Gare du Nord, Châtelet-Les Halles und weiteren Stationen täglich zwischen 5 Uhr und ca. 24 Uhr im 15-Minuten-Takt. Der Preis beträgt ca. 8 Euro. Die Linie 2 der Air-France-Busse bringt die Ankommenden von 5.45 bis 23 Uhr alle 15 Minuten zum Place de L'Etoile. Abfahrtsort ist Terminal 2. Wer in den Süden der Stadt muss, nimmt die Linie 4 zu den Stationen Montparnasse oder Invalides. Diese Busse verkehren von 7 bis 21.30 Uhr. Daneben gibt es den Roissybus, der für die Fahrt bis zur Oper 45 Minuten benötigt. Er fährt in 15- bis 20-minütigem Abstand in der Zeit von 5.45 bis 23 Uhr; die Fahrt kostet ca. 8,40 Euro.

ORLY

Orly hat einen Bahnhof, der durch RER-Schnellzuglinien mit dem Pariser Zentrum verbunden ist. Vom Flughafen gelangt man mit Shuttle-Bussen zum Bahnhof. Hier besteigt man den RER C, der verschiedene Ziele in Paris anfährt. Die Fahrt dauert rund 25 Minuten, der Preis beträgt ca. 5,65 Euro. Die S-Bahn verkehrt von 6 bis 23 Uhr alle 15 Minuten. Daneben gibt es mehrere Busverbindungen. Zum Beispiel kann man mit dem Air France Bus von Orly zum Gare Montparnasse fahren, oder mit dem günstigen Orly-Bus zur Station Denfert-Rochereau.

Die Suche nach dem perfekten Duft

GRENOUILLES REISE DURCH FRANKREICH

DAS ZENTRALMASSIV UND MONTPELLIER

Grenouille begibt sich von Paris aus auf den Weg nach Orléans. Als er den Geruch der Stadt wahrnimmt, beschließt er, einen großen Bogen um sie zu machen. Er wendet sich in Richtung Osten bis Châteauneuf-sur-Loire, wandert von dort aus noch ein paar Kilometer weiter und überquert die Loire bei Sully-sur-Loire. Auf seinem Weg nach Süden meidet er Städte und Dörfer, bis er im August schließlich die Auvergne und das Zentralmassiv erreicht. Hier liegt der „menschenfernste Punkt des ganzen Königreichs" (Seite 152), der Gipfel des Berges Plomb du Cantal.

So „menschenfern", wie das Cantal-Massiv zu Grenouilles Zeiten gewesen ist, ist es schon lange nicht mehr. Die beeindruckende Landschaft im Süden Frankreichs gehört

Im Mai des Jahres 1756 verlässt Grenouille Paris, um in Grasse die Kunst der Duftgewinnung zu erlernen. Auf seiner Reise zieht er zu Fuß durch Frankreich.

Abb. links | *Ein Blick aus der Luft: Plomb du Cantal*

mit einem Durchmesser von rund achtzig Kilometern zu den größten Vulkangebirgen der Welt und zieht heute zahlreiche Touristen an. Im Sommer kommen die Wanderer, im Winter die Skifahrer und Snowboarder. Vom Wintersportort Super-Lioran kann man bequem mit einer Seilbahn auf den Gipfel des Plomb du Cantal fahren, um dort in 1.850 Meter Höhe nach der Höhle zu suchen, in die Grenouille sich für ein einsames Leben zurück zog.

Grenouille verbringt sieben Jahre in seiner Höhle, bis ihn die schockierende Erkenntnis trifft, dass er sich selbst nicht riechen kann. Er, der einen so ungewöhnlich ausgeprägten Geruchssinn hat, besitzt keinen eigenen Körpergeruch! Im Februar 1763 verlässt er den Berg in Richtung Süden. In der Nähe der kleinen Stadt Pierrefort verschreckt er mit seinem verwilderten Aussehen die Bauern. Man führt ihn zum Bürgermeister, der wiederum den Lehnsherrn der Stadt, den Marquis de la Taillade-Espinasse, von der Anwesenheit des „Höhlenmenschen" in Kenntnis setzt.

Der Marquis ist ein weltoffener, gebildeter und zukunftsorientierter Mann, der sich mit Vorliebe wissenschaftlichen Fragestellungen widmet. Er ist von Grenouille begeistert und sieht in ihm ein willkommenes Geschenk, seine Theorie des „fluidum letale" zu beweisen. Zu diesem Zweck nimmt er Grenouille in seinem Palais in Montpellier auf.

Abb. oben | *Viele Kilometer marschierte Grenouille*

Abb. rechts | *So ein schnelles Boot besaß Grenouille sicher nicht*

Montpellier war im 18. Jahrhundert die drittgrößte Stadt Frankreichs. Die Universität, wo der Marquis Grenouille den Gelehrten präsentiert, ist eine der ältesten des Landes. Bereits im Jahr 1220 wurde hier die erste medizinische Fakultät Frankreichs gegründet. Auch heute prägt das studentische Leben die Stadt: Mit rund 60.000 Studierenden an drei Universitäten ist Montpellier nach Paris und Toulouse immer noch die drittgrößte Universitätsstadt Frankreichs.

Anfang März setzt Grenouille seinen Weg fort. In der kleinen Hafenstadt Le Grau du Roi, heute ein beliebter Ferienort, besteigt er ein Schiff, das ihn nach Marseille bringt. Von dort aus geht es auf dem Wasserweg weiter nach Cannes, wo er an Land geht und der Route Napoléon ins Landesinnere nach Grasse folgt.

SCHNUPPERTOUR DURCH GRASSE, WELTSTADT DES PARFUMS

WIE DAS PARFUM IN DIE PROVENCE KAM

Schon im Mittelalter genoss Grasse den Ruf einer reichen Wirtschafts- und Handelsstadt. Aufgrund des Wasserreichtums der Region siedelten sich im 12. Jahrhundert die ersten Gerber an. Schnell sprach sich herum, welch hohe Qualität das feine, weiche Ziegenleder aus Grasse besaß, und so entwickelte sich dieses Handwerk zum Hauptwirtschaftszweig der Stadt.

Während der Renaissance kam eine neue Mode aus Italien und Spanien auf: beduftete Handschuhe. Schnell erkannten die Gerber den neuen Trend und reagierten. Sie entdeckten, dass sich Lavendel ausgezeichnet als Lederparfum einsetzen ließ und parfümierten bald nicht nur Handschuhe, sondern auch Westen, Gürtel und Taschen mit wohlriechenden Ölen. Adelige aus ganz Europa

Grenouille ist am Ziel – er hat die Hauptstadt des Parfums erreicht. Gut zwei Jahre wird er in Grasse bleiben, um sich in der Parfumherstellung weiter zu bilden.

Abb. links | *Grasse mit dem „Stumpen von Kirchturm"*

Abb. rechts | *Aus aller Welt kommen Rohstoffe für die Parfums nach Grasse*

Abb. links | *Der Parfumeur – das Sinnbild der Stadt*

Abb. unten | *Eine der letzten „Nasen" von Grasse: Jacques Maurel, Chefparfumeur von Galimard*

kauften in Grasse ein, und im Jahr 1614 führte der König für dieses neue Handwerk den Meistertitel des Gantier-Parfumeur ein.

Die ansässigen Bauern begannen, die Parfumpflanzen des Landes zu kultivieren. Das milde Klima und der fruchtbare Boden der Provence waren für den Anbau von Lavendel, Rosen, Tuberosen, Jasmin und Orangenbäumen wie geschaffen. Ein reger Handel zwischen Bauern und Parfumeuren entstand, und die Bedeutung der Parfumherstellung für die Stadt wuchs weiter. Im Jahr 1724 trennte sich der Zweig der Parfumeure von dem der Gerber und bildete fortan eine eigene Gilde.

Nach der Französischen Revolution wurden die Steuern auf Lederwaren erhöht. Zudem protestierten die Einwohner mehr und mehr gegen den Gestank, den die Gerbereien in der Stadt verursachten. Die Zahl der Gerber nahm ab, die der Parfumeure zu. Im Jahr 1845 gab es noch dreizehn Gerbereien in Grasse, die letzte verschwand schließlich im Jahr 1914.

Bereits im 19. Jahrhundert löste die Parfumindustrie das Gerberhandwerk als wichtigsten Wirtschaftszweig der Stadt ab. Viele Hersteller hatten sich inzwischen spezialisiert: Als die Pariser Parfumerien ihre Produktion steigerten, produzierten und handelten die Parfumeure aus Grasse mit Duftessenzen. Mit der industriellen Revolution kamen neue Produktionsverfahren auf, mehr Platz wurde benötigt, und die Fabriken aus der Stadt in das Umland verlegt.

WEICHSPÜLER UND SEIFE: DUFTINDUSTRIE HEUTE

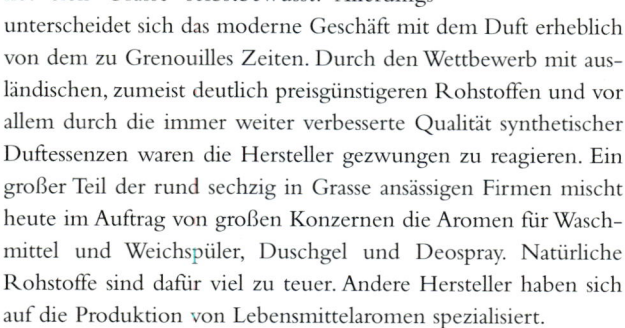

Bis zum heutigen Tag ist die Duftgewinnung neben dem Tourismus der
stärkste Wirtschaftszweig in der Region.
„Welthauptstadt des Parfums" – so bezeichnet sich Grasse selbstbewusst. Allerdings
unterscheidet sich das moderne Geschäft mit dem Duft erheblich
von dem zu Grenouilles Zeiten. Durch den Wettbewerb mit aus-
ländischen, zumeist deutlich preisgünstigeren Rohstoffen und vor
allem durch die immer weiter verbesserte Qualität synthetischer
Duftessenzen waren die Hersteller gezwungen zu reagieren. Ein
großer Teil der rund sechzig in Grasse ansässigen Firmen mischt
heute im Auftrag von großen Konzernen die Aromen für Wasch-
mittel und Weichspüler, Duschgel und Deospray. Natürliche
Rohstoffe sind dafür viel zu teuer. Andere Hersteller haben sich
auf die Produktion von Lebensmittelaromen spezialisiert.

Für diese alltäglichen Produkte braucht es leider keine
Rosenblütenblätter und auch keine schönen Flakons mehr, und so
hat die moderne Parfumindustrie ein wenig vom Flair des Luxus
eingebüßt. Heute lässt sich hauptsächlich in Nostalgie schwelgen.
Denn die Provence und ihr Duft sind allemal eine Reise wert,
und die Geschichte der Parfumherstellung wird in Grasse für
Besucher und Einheimische liebevoll kultiviert. Und natürlich
wartet in fast jedem Lädchen ein Stück Seife oder ein mit
Lavendel gefülltes Duftsäckchen auf neue Besitzer.

Im 21. Jahrhundert haben also die Chemiker die Künstler und schöpferischen Parfum-Zauberer abgelöst. Nur noch drei „Nasen", wie man die Parfumeure auch nennt, arbeiten heute noch in dem Bereich, der die südfranzösische Stadt in der ganzen Welt berühmt gemacht hat: der Komposition exquisiter, teurer Parfums.

Die ehemaligen Fabriken der drei großen Parfumeure in der Stadt, Galimard, Molinard und Fragonard, sind längst in Museen umgewandelt worden. Dort erfährt der Besucher viel Wissenswertes über die Rohstoffe und die verschiedenen Verfahren zur Duftgewinnung. In schönen Vitrinen sind historische Flakons aus den verschiedenen Epochen zu sehen. In allen Museen werden kostenlos Führungen in mehreren Sprachen veranstaltet.

SERVICE | Adressen: Molinard; 60, Boulevard Victor Hugo, 06130 Grasse; Telefon: 04 92 42 33 11. www.molinard.com | Fragonard; Boulevard Fragonard; 06130 Grasse; Telefon: 04 93 36 44 65, www.fragonard.com | Galimard; 73, Route de Cannes; 06130 Grasse; Telefon: 04 93 70 36 22. www.galimard.com | Öffnungszeiten: alle drei Museen täglich von 9 bis 18 Uhr.

HINTERGRUND | *Duftworkshop – das eigene Parfum*

W er einmal selbst wie Grenouille sein eigenes, unwider-
stehliches Parfüm kreieren möchte, dem sei die Teilnahme
an einem Duftworkshop empfohlen, wie er beispielsweise
bei Molinard angeboten wird. In einer schönen Villa aus dem
19. Jahrhundert befindet sich das „Tarinologieatelier". Unter

Abb. oben | *Eine der
drei großen Parfumerien
von Grasse: Molinard*

Abb. links | *Wo war
denn noch gleich die
Jungfrauenessenz?*

Abb. unten | *Eine
Seifenfabrik im
18. Jahrhundert*

Anleitung von Chef-Tarinologin Céline Reinard-Demets darf
der duftfreudige Tourist hier nach Herzenslust mischen.

Nach einigen Informationen über den Unterschied zwischen Kopf-, Herz- und Basisnote eines Parfums geht es los: Auf
Rondellen stehen über achtzig verschiedene Essenzen bereit, aus
denen jeder Teilnehmer durch Schnuppern seine Lieblingsdüfte

auswählen darf. Gar nicht so einfach, denn schließlich muss man dabei aufpassen, dass die verschiedenen Aromen nachher auch miteinander harmonieren – für den Laien eine fast unmögliche Aufgabe. Vor allem, wenn man die üblichen sieben bis acht der braunen Glasbehälter ausgewählt hat. Der ganze Raum ist im Nu erfüllt von den verschiedensten Düften.

Bevor es an das Mischen geht, wirft Céline Reinard-Demets einen Blick auf die Auswahl. Mit ihrer Erfahrung genügt ein kurzes Überprüfen, um zu entscheiden, ob aus dieser Mischung tatsächlich ein Wohlgeruch entstehen kann. Gegebenenfalls tauscht sie noch einzelne Bestandteile aus, bevor sie schließlich hilft, das exakte Verhältnis der einzelnen Komponenten festzulegen. Mit Plastikpipetten nimmt man nun genau die Menge der jeweiligen Essenz aus dem Glas und gibt sie in eine kleine Flasche. Zum Schluss wird die Flasche leicht geschüttelt, und fertig ist ein Parfum, wie es individueller wohl kaum sein könnte.

Zum Abschluss erhält jeder Teilnehmer ein Diplom, auf dem auch die Nummer des eben erstellten Parfums steht. Unter dieser Nummer wird die Formel des selbst gemischten Dufts bei Molinard archiviert, so dass man „sein Parfum" jederzeit nachbestellen kann.

SERVICE | Adresse: Molinard; 60, Boulevard Victor Hugo, 06130 Grasse; Telefon: 04 92 42 33 11. | Der neunzigminütige Kurs inklusive eines Flakons des eigenen Parfums kostet 40 Euro pro Person, eine vorherige Anmeldung ist erforderlich.

PLACE AUX AIRES

Der lang gestreckte Place aux Aires ist der zentrale Platz von Grasse. Restaurierte Bürgerhäuser umgeben den Platz, und unter den alten Arkaden an der Seite befinden sich Geschäfte und Restaurants – ein hübscher Ort für eine Kaffeepause. Den Mittelpunkt bildet ein schöner Brunnen aus dem Jahr 1828 mit seinen drei übereinander liegenden Becken. Hier bauen kleine Händler jeden Morgen aufs Neue ihre Marktstände auf und verkaufen Blumen, Obst und Produkte aus der Umgebung. Die Marktuhr stammt aus dem Jahr 1802.

Bereits im 15. Jahrhundert wurde der Platz urkundlich erwähnt. Zu jener Zeit wurde hier das Getreide geschlagen, wurden Körner getrocknet und später dann auch verkauft. Als Grenouille die Stadt Grasse erreicht, hatte sich das Bild gewandelt, denn auf dem Place aux Aires und in den Seitenstraßen lag

Als Grenouille Grasse erreicht, sucht er zunächst das Gerberviertel auf. In einem Gasthof auf dem Place aux Aires im Herzen der Stadt isst er erst einmal zu Mittag.

Abb. unten | Zum Glück heute trockengelegt: Place aux Aires

das Zentrum der Gerbereien. Im Jahr 1745 fanden allein in diesem Viertel sechzig Gerber Beschäftigung. Das nötige Wasser war vorhanden: Von einer Quelle floss es in einen Bach in der Mitte des Platzes hinunter. Abgeleitet wurde es nicht in eine Kanalisation, sondern einfach durch die kleinen Gassen, wie beispielsweise die Rue des Moulinets. Wie der Name verrät, standen dort einst drei kleine Mühlen, die vom abfließenden Wasser des Place aux Aires gespeist wurden.

An der Nordseite des Platzes ist der prächtige Palast des Maximin Isnard (1758-1825) mit seinen schönen schmiedeeisernen Balkonen zu sehen. Der Name dieses Monsieur Isnard, eines reichen Gerbers und Kaufmanns, diente Patrick Süskind allem Anschein nach als Inspiration für den Namen jenes Tuchhändlers Misnard, der im Roman versehentlich seinen Hausdiener erschießt.

Unter der Hausnummer 27 am Place aux Aires befindet sich heute eine Buchhandlung unter den Arkaden. Einst stand dort das „Hôtel du Dauphin", lange Zeit das einzige Gasthaus in der Stadt. Daher liegt die Vermutung nahe, dass Süskind seinen Protagonisten Grenouille hier zu Mittag essen ließ, auch wenn er es im Roman nicht ausdrücklich erwähnt. Die „Stammkneipe" von Drout, Madame Arnulfis Gesellen und Liebhaber, wird hingegen konkret genannt: Drout besucht regelmäßig das Lokal „Quatre Dauphins", welches in Grasse nicht existiert hat. Es gibt jedoch einen Platz und ein Hotel gleichen Namens in Aix-en-Provence, der Stadt, in der Patrick Süskind ein Jahr lang studierte. Es bleibt also zu vermuten, dass Süskind durch eine kleine Änderung des Namens eine Hommage an seinen früheren Studienort schaffen wollte.

RUE DROITE

Der Name der Rue Droite leitet sich nicht, wie vielleicht zu vermuten wäre, von „droite, zu deutsch: rechts" ab. Im Mittelalter hieß diese Straße „via diretta", also soviel wie „direkter Weg". Tatsächlich durchzog diese Straße die Stadt und stellte damals die kürzeste Verbindung zwischen dem südlichen und dem nördlichen Stadttor dar.

Heute gilt die ehemalige Rue Droite als Hauptflaniermeile in der Altstadt. Zahlreiche Parfumerien, Boutiquen und natürlich auch Souvenirläden ziehen Touristen wie Einheimische an. Einige Teile der Straße wurden umbenannt: Der im Süden am Place du Cours beginnende Abschnitt heißt heute Rue Jean Ossola, im weiteren Verlauf wird sie zur Rue Marcel Journet, und nur der nördliche Teil der Straße trägt noch den ursprünglichen Namen. Der Palazzo, in dem Süskind Antoine Richis wohnen läßt, liegt am Anfang der heutigen

Während seines ersten Rundgangs durch die Gassen von Grasse stößt Grenouille auf die Rue Droite, die Hauptstraße der Stadt. Hier wohnt der wohlhabende Antoine Richis mit seiner bildschönen Tochter Laure. Grenouille wird von ihrem Duft sofort verzaubert und will ihn besitzen. Aber dann beschließt er, noch zu warten, bis aus dem Kind eine junge Frau geworden ist.

Abb. unten | *Der Eingang zur Altstadt*

Rue Jean Ossola. Es ist das ehemalige Hôtel Luce aus dem 16. Jahrhundert mit seinen schönen geschnitzten Türen aus Walnussholz. Erbaut wurde es einst von der Familie Villeneuve; zu Anfang des 19. Jahrhunderts erwarb es die Familie Luce. Im Jahre 1934 wurde es umgebaut und in zwei separate Gebäude aufgeteilt.

Das Haus mit der Nummer 14 gehört heute dem Parfumhersteller Fragonard, der auch einige Büros hier unterhält. D'Artagnan, des Königs Musketier, soll im 17. Jahrhundert hier gewohnt haben. Ob er das Mädchen Laure hätte besser beschützen können?

Eine Hinweistafel an Haus Nummer 16 erinnert daran, dass es sich bei diesem Gebäude um das ehemalige Hotel Villeneuve handelt. Heute befindet sich das Haus in Privatbesitz. Der schöne Garten, in dem sich Laure aufhielt, als Grenouille ihren Duft zum ersten Mal witterte, erstreckt sich hinter dem Gebäude bis an die Stadtmauer. Sogar die im Roman beschriebenen Zweige

Abb. oben |
Nicht der Duft der Blumen lockte Grenouille an, sondern der Duft von Laure.

Abb. links |
Damals noch prunkvoller als heute: Antoine Richis Haus

des Orangenbaumes kann man von der anderen Seite der Mauer aus sehen. Allerdings erreicht man den Garten nur durch das Haus, das der Öffentlichkeit leider nicht zugänglich ist.

Bei der Namensfindung hat Patrick Süskind ein wenig gespielt: Zwar sucht man einen Antoine Richis in der Geschichte von Grasse vergebens, doch dafür findet sich ein reicher Händler mit Namen Antoine Chiris.

RUE DA LA LAUVE

Die Rue de la Louve, in der Süskind das Parfumatelier von Madame Arnulfi ansiedelt, ist die einzige im Roman erwähnte Straße, die nicht in Wirklichkeit existiert beziehungsweise existiert hat. Wohl findet sich aber eine Straße mit Namen „Rue de la Lauve", der sich von dem provenzalischen Wort „laùvo" ableitet, mit dem flache Steinplatten bezeichnet wurden, die man über den Kanal der Gerbereien legte.

Das ist schon fast das Interessanteste, das es über die Rue de la Lauve zu berichten gibt. Die kleine Gasse zweigt am Ende der Rue

Zwei Jahre bleiben Grenouille Zeit, um seine Kenntnisse über die Duftgewinnung zu perfektionieren. Dann ist seiner Ansicht nach das Mädchen Laure zur Frau gereift. Im Parfumeuratelier von Madame Arnulfi bekommt er eine Anstellung als Geselle. Hier bereitet er sich in aller Ruhe auf sein Meisterstück vor.

Droite ab und liegt in einem nicht gerade
attraktiven Bereich der nördlichen Altstadt.
Ehemalige Geschäfte mit vernagelten Fenstern
und Türen, Bauschutt und Graffiti an den
Wänden dominieren das Bild. Auf der anderen
Seite liegt ein asphaltierter Sportplatz. Sollte
hier jemals ein Parfumeur gewirkt haben, so ist
heute nichts mehr davon zu erschnuppern.

Süskind lässt Grenouille in einer kleinen
Kabane in Madame Arnulfis Olivengarten
hinter einem Franziskanerkloster wohnen. Die
Existenz des Klosters ist historisch verbürgt, es
stammte aus dem 13. Jahrhundert. Seine Überreste sucht man jedoch vergeblich, denn an
diesem ehemals religiösen Ort befindet sich
heute eine Filiale der französischen Super-
marktkette Monoprix.

HINTERGRUND | *Die Parfumgewinnung*

Im zwanzigsten Kapitel des Romans „Das Parfum" fragt der todkrank auf seinem Lager liegende Grenouille den Parfumeur Baldini:

> *„Sagen Sie, Maitre: Gibt es noch andre Mittel als das Pressen oder Destillieren, um aus einem Körper Duft zu gewinnen?"*

Die Antwort von Baldini vervollständigt die zur damaligen Zeit bekannten Extraktionsmethoden:

> *„Es gibt derer drei, mein Sohn: Die enfleurage à chaud, die enfleurage à froid und die enfleurage à l'huile. Sie sind dem Destillieren in vieler Hinsicht überlegen, und man bedient sich ihrer zur Gewinnung der feinsten aller Düfte: des Jasmins, der Rose und der Orangenblüte."* (Seite 136 f.)

Die EXPRESSION ist ein altes und einfaches Verfahren, das zur Gewinnung von Citrusölen eingesetzt wird. Die Schale einer Orange, Mandarine, Zitrone oder Bergamotte wird eingeritzt und danach ausgepresst.

Die DESTILLATION eignet sich vor allem für relativ unempfindliche Pflanzen, zum Beispiel Hölzer, Kräuter oder auch Lavendel. Ursprünglich wurde das pflanzliche Material zusammen mit Wasser in einer Destillationsapparatur, dem so genannten „Alambic", über offenem Feuer erhitzt. Durch den Wasserdampf

wurden den Pflanzen die Duftmoleküle entzogen und in diesem mitgeführt. Aus dem dabei entstehenden Kondenswasser gewann man nach dem Abkühlen die Essenzen. Um die Mitte des 19. Jahrhunderts wurde diese Methode verbessert: Das trockene Pflanzenmaterial lag auf einem Gitter über dem kochenden Wasser, der Wasserdampf wurde nur hindurchgeleitet. Der Vorgang konnte Minuten, aber auch Tage dauern, je nachdem, von welchem Material die Öle gewonnen werden sollten. Innerhalb einer halben Stunde konnten vierhundertfünfzig Kilogramm Lavendel destilliert werden; die gleiche Menge Sandelholz musste achtzig bis einhundert Stunden lang dem Dampf ausgesetzt werden, um ihm seine duftenden Essenzen zu entziehen.

Weitaus schonender als die Destillation ist die Extraktion mit Fetten, die so genannte ENFLEURAGE. Bei der KALTEN ENFLEURAGE, der „enfleurage à froid", werden Glasplatten mit geruchlosem Tierfett bestrichen. Auf diese Fettschicht legt man frisch geerntete Blüten mit dem Kelch nach oben. Das Fett entzieht den Blüten die Duftstoffe. Innerhalb weniger Tage werden die aromatischen Substanzen der Pflanzen vom Fett aufgenommen. Dann entfernt man die „verbrauchten" Blüten und ersetzt sie durch neue, solange bis das Fett mit den ätherischen Ölen der Blüten gesättigt ist. Am Ende wird das Fett-Duft-Gemisch, die Pomade, in hochprozentigem Alkohol gewaschen. Die Duftstoffe gehen in den Alkohol über, und man erhält das so genannte „absolue d'enfleurage", ein sehr feines Blütenöl.

Abb. oben | *Anlage zur Extraktion mit flüchtigem Lösugsmitteln*

Abb. unten | *Blüten in Fett: die kalte Enfleurage*

Ähnlich ist das Vorgehen bei der ENFLEURAGE A L'HUILE: Man tränkt Leinen- oder Baumwolltücher mit feinem Öl und legt die Blüten obendrauf. Nach der Aufnahme der Aromen wird das Öl von dem Stoff abgepresst. Beide Methoden eignen sich für empfindliche Blüten wie Jasmin, Tuberose und Veilchen – und natürlich auch für Jungfrauen, wie Grenouille ja mehrfach unter Beweis gestellt hat.

Bei der WARMEN ENFLEURAGE („enfleurage à chaud"), auch Mazeration genannt, werden die Blüten in 50 bis 70 Grad warmes Fett gestreut und darin ausgekocht. Auch bei dieser Methode wird das Blütenöl anschließend mit Alkohol aus dem Fett gelöst. Für die Mazeration eignen sich Blüten, deren Duftstoffe sich erst bei höheren Temperaturen verflüchtigen, wie Rosen, Mimosen und Orangenblüten.

Die Enfleurage wird heute praktisch nicht mehr angewendet, da sie zeitaufwändig und teuer ist. An ihre Stelle tritt die EXTRAKTION MIT FLÜCHTIGEN LÖSUNGSMITTELN, quasi eine Weiterentwicklung der Enfleurage. Bei der Extraktion wird das Fett durch geruchlose Lösungsmittel wie Petroläther oder Butan ersetzt. In großen Anlagen wird das Lösungsmittel durch den pflanzlichen oder tierischen Rohstoff gepumpt, der in rotierenden Trommeln liegt oder auf feinmaschige Gitternetze geschichtet ist. Das Lösungsmittel entzieht den Grundstoffen neben den ätherischen Ölen auch Farbstoffe und Wachse. Nach einigen Wiederholungen wird das nun gesättigte Lösungsmittel destilliert. Als Ergebnis der Destillation erhält man eine feste Masse, die „essence concrète". Nun werden die Wachse mittels Alkohol ausgeschieden und man gewinnt die „essence absolue", das absolut reine Blütenöl. Diese Methode, die Ende des 19. Jahrhunderts bekannt wurde, ist die heute gängige. Auf diese Weise konnten erstmals auch die widerspenstigen Duftstoffe des Maiglöckchens gebunden werden.

Grasse wird von einem Mörder heimgesucht! Nachdem bereits drei junge Frauen in den Blumenfeldern tot aufgefunden wurden, wird die Leiche des vierten Opfers, einer sardischen Wäscherin, vor den Toren der Stadt entdeckt. Sie liegt an einem Brunnen, dem Fontaine de la Foux.

FONTAINE DE LA FOUX

Am Ende des Boulevard du Jeu de Ballon befindet sich heute ein Kreisverkehr mit einer kleinen Grünfläche in der Mitte. Hier stand einst der Brunnen Fontaine de la Foux, an den heute nur noch der Name des Platzes erinnert: Place de la Foux – Schauplatz eines Frauenmordes durch Grenouille. Ein paar Schritte weiter stadtauswärts, gleich neben der Touristen-Information, weist ein Schild auf die Quelle hin, aus der der Brunnen gespeist wurde.

Bis zum Ende des 19. Jahrhunderts wurde die Stadt ausschließlich von der Source de la Foux mit Trinkwasser versorgt. Diese Quelle war eines der Ventile eines sehr großen Wasservorrats, welcher sich ungefähr zwischen Cabris, Caussols, Grasse und Châteauneuf befand. Ein Teil des Wassers floss aus der Quelle zu den Brunnen, das meiste jedoch zu den öffentlichen Waschplätzen. Anschließend ergoss sich das Wasser durch Wasserstraßen zu den Mühlen, Fabriken und Feldern.

Abb. links |
Keine Schaf-
tränke, sondern
die Quelle
„La Foux"

Abb. rechts |
Die Kathedrale
aus dem
13. Jahrhundert

Abb. unten |
Ein Waschplatz
mit Arkaden

CATHEDRALE NOTRE-DAME DU PUY

Auf einem Felsplateau thront weithin sichtbar die Cathédrale Notre-Dame du
Puy. Auch ohne gewaltigen Kirchturm
dominiert sie das Bild der Stadt. Sie wurde im
13. Jahrhundert erbaut, als der Bischofssitz von
Antibes nach Grasse verlegt wurde. An den ein
Meter siebzig dicken Seitenmauern aus wei-
ßem Kalkstein lässt sich noch erkennen, dass
sie früher Teil der wehrhaften Stadtfestung
war. Aus dieser Zeit blieb nur der Turm erhalten; ursprünglich war er einmal doppelt so
hoch wie heute. Im 17. und 18. Jahrhundert
wurde die Kirche mehrfach umgebaut und

Das Morden nimmt kein
Ende, die Bürger von
Grasse sind verängstigt.
Der Bischof persönlich
spricht von der Kanzel
der Kathedrale Notre-
Dame du Puy einen
Bann über den Mörder.
Zunächst scheint er zu
wirken …

erweitert. Trotzdem ist der romanische Stil noch erkennbar. Während der Französischen Revolution wurde die Kirche als Futterlager benutzt.

Im hohen Innenraum mit dem Kreuzgewölbe an der Decke ist es dunkel, die steinernen Wände wirken grob und sind kaum verziert. Im südlichen Seitenschiff hängen drei frühe Gemälde von Rubens. Sie wurden um 1600 für eine römische Kirche gemalt, dort aber nicht angenommen. Nicht gerade sehr prestigeträchtig für den Maler wurden sie zunächst dem Krankenhaus von Grasse vermacht, seit 1972 sind sie in der Kathedrale ausgestellt. Außerdem ist hier das einzige religiöse Werk des in Grasse geborenen Malers Jean-Honoré Fragonard zu sehen: das Gemälde „Die Fußwaschung".

Neben der Kathedrale erhebt sich das ehemalige Bischofspalais und heutige Rathaus, das Hôtel de Ville. Zwischen der Kathedrale und dem Rathaus führt der Weg auf jenen Platz, auf dem nach Grenouilles Festnahme die Beweisstücke ausgestellt wurden. Von hier aus hat man einen schönen Ausblick in das Tal.

SERVICE | Adresse: Cathédrale Notre-Dame du Puy, Place du Petit Puy, 06131 Grasse. Telefon: 04 97 05 50 00. | Öffnungszeiten: Von Oktober bis Juni montags bis samstags von 9.30 bis 11.30 Uhr und von 15 bis 17.30 Uhr, sonntags geschlossen. Von Juli bis September täglich von 9.30 bis 11.30 und von 15 bis 18.30 Uhr.

Abb. rechts | Im Restaurant Le Gazan kommen florale Spezialitäten auf den Tisch

EXTRA-TOUR | *Parfum-Menu im Restaurant Le Gazan*

Blüten duften nicht nur gut, raffiniert zubereitet können sie auch köstlich schmecken. Wer sich davon selbst überzeugen möchte, dem sei ein Besuch im Restaurant Le Gazan empfohlen. Nahe der Kathedrale von Grasse bieten Jacky und France Soler ein Menü an, welches Geschmacks- und Geruchsnerven gleichermaßen anspricht. Die zahlreichen Aufkleber an der Tür deuten darauf hin, dass das sympathische Ehepaar auf Empfehlungen in französischen Gastronomie-Führern abboniert zu sein scheint.

Als Apéritif wird ein Glas Sekt mit etwas Mimosensirup gereicht. Auf dem Boden des Glases sprudelt eine getrocknete Mimosenblüte. Derartig erfrischt, kommen als zweiter Gang Seebarbenfilets mit einer aromatischen Oliventapenade und Kräutern der Provence auf den Tisch. „Petite Pause Provençale" heißt der Zwischengang: eine ungewöhnliche, sehr erfrischende Kombination aus Thymiansorbet und Zitroneneis. Schließlich folgt als Hauptgang Wachtel in einer vollmundigen Soße, die mit einem Gelée aus Rosenblättern serviert wird, dazu als Beilage ein mit Rosmarin aromatisierter Bratapfel. Den Abschluss bildet eine duftende Crème Brûlée mit Jasminaroma. Lecker!

SERVICE | Adresse: Restaurant Le Gazan; 3, Rue Gazan, 06130 Grasse, Telefon: 04 93 36 22 88. | Öffnungszeiten: Im Sommer täglich mittags und abends geöffnet, sonntags Ruhetag. | Preis: Das Parfum-Menü kostet ca. 25 Euro.

COURS HONORE CRESP

Wenn man von Süden aus in das Zentrum von Grasse gelangt, passiert man unweigerlich den Cours Honoré Cresp. Wie eine Terrasse liegt der Platz dreihundertfünfzig Meter hoch über dem Meeresspiegel und bietet einen beeindruckenden Ausblick über das gesamte Grasser Becken bis hin zur Côte d'Azur mit ihren vorgelagerten Inseln.

Heute finden auf dem Platz natürlich weder Hinrichtungen noch Massenorgien statt, aber immer noch Veranstaltungen aller Art, die ebenso viele Besucher anziehen wie Grenouilles Auftritt im Roman – beispielsweise die „Jasminade", das Jasminfest, das alljährlich am ersten Augustwochenende stattfindet. Bei einem Umzug, dem Höhepunkt des Festes, ziehen von dort aus blumengeschmückte Motivwagen und zahlreiche folkloristische Gruppen durch die Straßen von Grasse.

Nachdem Grenouille gefasst worden ist, wird er zum Tode verurteilt und soll auf dem Cours gerädert werden. Alles ist für seine Hinrichtung vorbereitet. Aber nur ein paar Tropfen seines selbst gemischten Parfums genügen, und aus der Hinrichtung wird eine Massenorgie.

Von den Wagen werfen junge Mädchen, darunter die frisch gekürte Jasminkönigin, Blüten
ins Publikum. Echter Jasmin ist allerdings
selten dabei, denn der ist den Veranstaltern zu
teuer. Antoine Richis Tochter Laure hätte
trotz ihrer Schönheit keine Chance gehabt,
Jasminkönigin zu werden, denn das Fest zu
Ehren des Jasmins findet erst seit 1946 statt.

An der Längsseite des Platzes steht das
schöne Palais de Congrès aus dem 19. Jahrhundert, in dem heute unter anderem das
Fremdenverkehrsbüro untergebracht ist. Die
im Roman erwähnte Charité, deren Bewohner zur Hinrichtung die Zimmer räumen
mussten, existiert heute nicht mehr.

Der Bau mit der roten Fassade am
Ende des Platzes, links neben dem Eingang
zur Altstadt, beherbergt das Internationale
Parfumeriemuseum. Seit 1989 informiert es
seine Besucher ausführlich über die Geschichte der Parfumherstellung. Seit September 2005 wird das Museum renoviert und vergrößert. Durch die Einbeziehung zweier
Nachbargebäude wird die Ausstellungsfläche
von bisher eintausendfünfhundert Quadratmetern verdoppelt. Die Arbeiten sollen vor-
aussichtlich bis Ende 2007 abgeschlossen sein.
Teile der Ausstellung befinden sich während
der Umbauarbeiten im nahe gelegenen
Museum für Kunst und Geschichte der
Provence.

SERVICE | Adresse: Musée International de la
Parfumerie; 8, Place du Cours, 06130 Grasse. |
Telefon: 04 97 05 58 00.

DIE PROVENCE UND DIE COTE D'AZUR

DIE BLUMENFELDER

Die Region um Grasse ist ideal für den Blumenanbau. Von den leicht abfallenden Plateaus kann das Wasser gut ablaufen, das nahe Gebirge schützt vor allzu viel Wind, und während der Blüte scheint fast immer die Sonne. Zu Grenouilles Zeit war die Gegend rund um Grasse noch von blühenden Blumenfeldern bedeckt. Doch das ist Geschichte. Zum einen trug die Konkurrenz, die überwiegend aus Nordafrika stammt, zu einem massiven Preisverfall bei, denn die Einkäufer der Parfumproduzenten können die Blüten aus Ägypten und Marokko zu deutlich günstigeren Preisen beziehen. Außerdem werden mittlerweile viele Parfums ausschließlich mit synthetischen Duftstoffen hergestellt, was die Nachfrage nach Blüten weiter sinken ließ.

Die erste Mädchenleiche wird in einem Rosenfeld zwischen Grasse und dem Dorf Opio gefunden, die beiden folgenden in Jasminfeldern in der Umgebung von Grasse.

Abb. links | *Fast das Schönste in der Provence: blühende Lavendelfelder im Sommer*

Vor einhundert Jahren gab es in der Region noch fünftausend Blumenbauern, heute sind gerade einmal rund dreißig davon übrig geblieben. Viele der Bauern haben die mühsame Arbeit des Jasminanbaus aufgegeben und Teile ihrer Felder zu guten Preisen an Immobilienmakler verkauft, denn die Nachfrage nach Häusern oder gar Villen ist in der schönen provenzalischen Landschaft ungebrochen.

Einige Blumenfarmen liegen abseits der Hauptstraßen, oft blickgeschützt hinter Hecken. Nur durch Zufall stößt man so auf eines der Blumenfelder. Bevor man daher verzweifelt zwischen Grasse und Opio umherirrt, sollte man direkt nach Plascassier fahren. Wenige Kilometer von Grasse entfernt liegt dort das „Domaine de Manon". Als einziger Blumenzüchter in dieser Gegend bietet Hubert Biancalana Führungen durch seine Felder an. Welche Blumen der Besucher zu Gesicht bekommt, hängt von der Jahreszeit ab: Von Anfang Mai bis Mitte Juni blühen die Rosen, von Mitte Juli bis Ende Oktober verströmt der Jasmin seinen Duft.

SERVICE | Adresse: Le Domaine de Manon, 36, Chemin du Servan, 06130 Grasse Plascassier. Telefon: 04 93 60 12 76 oder 06 12 18 02 69.

Abb. unten | *Hier ist Handarbeit notwendig*

HINTERGRUND | *Parfumpflanzen der Provence*

LAVENDEL

Der Lavendel ist die in der Geschichte des Parfums am längsten und am häufigsten verwendete Pflanze. Schon im Altertum kannte man Lavendel, damals nutzte man ihn vorwiegend zu medizinischen Zwecken. Lavendel ist in seiner Anwendung und Wirksamkeit sehr vielseitig. Dass er beruhigt und gegen schlaflose Nächte hilft, weiß man schon lange. Außerdem soll er Halsschmerzen, Erkältungen und Migräne bekämpfen und eine antiseptische Wirkung bei Wunden haben. Die Lavendelkissen, die von unseren Großeltern in Schränke und Kommoden gelegt wurden, spendeten nicht nur frischen Duft, sondern hielten auch Motten aus der Wäsche fern. Der Name stammt übrigens vom lateinischen „lavare" (= waschen) ab, denn Lavendelaromen wurden schon seit Jahrhunderten Waschmitteln und Seifen zugegeben, um der Wäsche den typischen frischen Duft zu verleihen.

Jeder kennt die riesigen Lavendelfelder, die sich im Hochsommer in endlos langen Reihen fotogen über die Ebenen der Provence erstrecken. Jedoch nicht alles, was blau-violett in der Provence blüht, ist tatsächlich echter Lavendel. In der modernen Industrie wäre einiges falsch gelaufen, hätte man nicht längst eine preiswertere Variante entwickelt.

So blüht auf südfranzösischen Feldern vielerorts Lavandin, eine Kreuzung, die deutlich ertragreicher ist als der echte Lavendel. Diese Neuzüchtung ermöglicht auch die Ernte mit modernen Landmaschinen. Der echte Lavendel wächst in höheren Lagen, oft in Felsregionen, die mit Maschinen nicht erreichbar sind. Hier werden die Pflanzen auch heute noch in Handarbeit mit der Sichel geerntet, was sich in einem deutlich höheren Preis gegenüber der relativ günstigen Lavandinessenz bemerkbar macht.

Der echte Lavendel findet heute seine Hauptverwendung für Parfums und Heilmittel. Das Lavandin findet man in Seifen, Waschmitteln, Weichspülern – und auch meist in den kleinen Säckchen, die von Touristen als Souvenir aus der Provence nach Hause mitgebracht werden.

Um einen Blick auf die beeindruckend schönen Felder werfen zu können, muss man von Grasse aus in Richtung Westen fahren. Die größten Felder der Provence liegen auf dem Plateau de Valensole, rund zwei Stunden entfernt. Die Blütezeit ist zwischen Mitte Juli und Ende August und variiert in Abhängigkeit von der Pflanzenart, der Gegend und dem Wetter. Nur noch selten sieht man an den Feldern die Alambics aus Kupfer, in denen früher direkt vor Ort der getrocknete Lavendel destilliert wurde.

JASMIN

Die Jasminpflanze kam um die Mitte des 16. Jahrhunderts mit den Mauren und den spanischen Seefahrern nach Südfrankreich. In ihrem Herkunftsland Indien wird sie auch „Königin der Nacht" genannt. Schnell breitete sich der Jasmin in der Gegend um Grasse aus. Im Jahr 1930 erntete man eintausendachthundert Tonnen Blüten. Seitdem nimmt der Ertrag ständig ab; im Jahr 1974 lag er noch bei etwa einhundertsiebzig Tonnen, heute sind es gerade einmal siebenundzwanzig Tonnen.

Das Absolue der Jasminblüte ist so wertvoll, dass es sogar mit Gold aufgewogen werden könnte. Rund fünfzehntausend Euro kostet ein Kilo Jasminextrakt. Für dieses Kilo wiederum

müssen acht Millionen Blüten ihren Duft hergeben. Die Gewinnung ist extrem aufwändig: Jasminblüten müssen bei Tagesanbruch gepflückt werden, da sie in der Sonne

Abb. links | *Heute nicht mehr häufig zu sehen: ein Jasminfeld*

Abb. unten | *So teuer wie Gold: Jasmin*

schnell ihren intensiven Duft verlieren. Bis mittags sind die meist überschaubaren Felder blütenleer, am nächsten Tag erstrahlen sie von neuem im Weiß der Blüten. Maschinen helfen bei der Ernte nicht, jede einzelne Blüte muss von Hand vom Strauch abgezupft werden.

Damit die kostbare Essenz nicht verloren geht, muss die Ernte sehr schnell verarbeitet werden. Früher entzog man den Blüten die Duftstoffe mittels der Enfleurage, heute kommt die Technik der Extraktion mit flüchtigen Lösemitteln zum Einsatz (siehe „Hintergrund: Die Parfumgewinnung").

Einige der berühmtesten Düfte der Welt wären ohne den Jasmin aus Grasse nicht denkbar. So zum Beispiel das legendäre „Joy" von Jean Patou, das fast ausschließlich aus Mairose und Jasmin besteht. Bezöge man die Blüten aus anderen Regionen, würde der Duft sofort seinen Charakter ändern.

Grasse ist bis heute untrennbar mit dem Jasmin verbunden. Zu Ehren dieser Blume wird jährlich im August das Jasminfest gefeiert (siehe auch Kapitel „Cours Honoré Cresp").

MAIROSE

Die Rose als Blume der Liebenden hat eine weit zurück reichende Geschichte. Schon im antiken Griechenland galt sie als Blume der Aphrodite, der Göttin der Liebe und der Schönheit. Während wir heute Rosen als Schnitt- und Gartenblumen kennen, wurden sie ursprünglich vor allem ihres Duftes wegen gezüchtet.

Die in der Umgebung von Grasse kultivierte Mairose wurde gegen Ende des 16. Jahrhunderts in Holland entwickelt.

96

Wegen ihrer üppigen, gefüllten Blüten wird sie auch „Centifolia"
genannt, „die Hundertblättrige". Bis zu vier Tonnen Blüten-
blätter werden benötigt, um einen Liter Rosenöl in erstklassiger
Qualität zu gewinnen. Die Blüten der intensiv duftenden Mairose werden in den frühen Morgenstunden noch vor Sonnen-
aufgang von Hand gepflückt, wenn sie sich gerade geöffnet
haben. Je wärmer es im Laufe des Tages wird, desto geringer wird
der Ölgehalt; bereits gegen Mittag hat sich ein Drittel verflüch-
tigt. Innerhalb weniger Stunden müssen die geernteten Blüten-
blätter weiterverarbeitet werden, da ansonsten der Duft an
Intensität verliert.

Die Konkurrenz der Centifolia kommt aus Bulgarien und
der Türkei. Dort wird im großen Stil die Damaszener-Rose
angebaut. Sie hat einen
anderen Duft, der Preis für
ein Kilo Blüten beträgt
jedoch nur ein Viertel des
Preises der Centifolia-
Blüten. Kein Wunder, dass
heute nur noch in weni-
gen, sehr teuren Parfums,
wie zum Beispiel dem
Klassiker Chanel No. 5,
das Aroma der Mairose
Verwendung findet.

Mimose

Wenn man in Südeuropa von der Mimose spricht, so ist die Rede von einer Pflanze mit kugeligen, goldgelben Blüten. Im botanischen Sinne ist sie jedoch eine Akazien-art, nicht zu verwechseln mit der bei uns bekannten „echten Mimose", die sofort ihre Blättchen zusammenklappt, wenn man sie mit dem Finger berührt.

Die Hauptstadt der Mimose ist der Küstenort Mandelieu-La Napoule (siehe auch Kapitel Mandelieu-La Napoule). In keiner anderen Stadt an der Côte d'Azur findet man mehr Mimosenbaumschulen als hier. Grund ist das ausgesprochen

milde Klima, denn das Massif de l'Estérel schirmt den Ort vor Frost und scharfen Winden ab. So erwartet den Besucher im Februar und März an den Hängen des Gebirges ein Blütenwunder. Das karge Gestein wird von einem kanariengelben Teppich aus Millionen duftender Blüten eingehüllt. Leider zerstörte im Jahr 1970 ein Waldbrand einen großen Teil der Pflanzungen, und ein unge-wöhnlich strenger Frost im folgenden Jahr richtete weitere Schäden an. Die Neubepflanzung gestaltete sich schwierig, so dass von ehemals hundert Mimosenzüchtern heute nur noch acht übrig geblieben sind.

In Mandelieu-La Napoule wird seit 1931 jedes Jahr im Februar das Mimosenfest gefeiert, bei dem blumengeschmückte Wagen durch die Straßen der Stadt ziehen. Das Fest ist eine der größten Veranstaltungen dieser Art an der Côte d'Azur und zieht jährlich über 75.000 Besucher an. Zwölf Tonnen Mimosen wer-den dabei verbraucht.

LA NAPOULE

An der Côte d'Azur, wenige Kilometer westlich von Cannes, liegt der Badeort La Napoule. Seit 1970 bildet er zusammen mit dem Nachbarort die Gemeinde Mandelieu-La Napoule.

Von der Zeit des Römischen Reiches an bis ins Mittelalter war der heutige Ort Mandelieu als „Avigonet" bekannt. Mehrfach wurden die Stadt sowie die vorgelagerte Festung von den Sarazenen angegriffen, die die strategisch günstige Lage als Ausgangspunkt für Eroberungen in der Provence nutzten. Nachdem die Stadt im Jahr 1387 dem Erdboden gleichgemacht wurde, ließ der Graf von Villeneuve sie wieder aufbauen, dieses Mal an der Küste im Schutz des befestigten Schlosses. Villeneuve heißt auf Griechisch „neapolis", daher leitet sich der Name „La Napoule" ab.

Antoine Richis will seine Tochter Laure mit einer List vor dem Mädchenmörder in Sicherheit bringen. Doch Grenouille fällt auf die Täuschung nicht herein und wartet im Gasthof von La Napoule an der Küste auf sein letztes Opfer.

Über die Jahrhunderte wurde dieses Gebiet immer wieder von Kriegen und Seuchen heimgesucht. Auch das Château de la Napoule wurde mehrere Male zerstört und wieder neu errichtet. Zu Anfang des 18. Jahrhunderts verwüstete der Herzog der Savoyen die Region und zerstörte das Schloss, welches erst zweihundert Jahre später wieder aufgebaut werden sollte. Zu der Zeit, als Grenouille hier eintraf, besaß La Napoule kaum mehr als einhundert Einwohner, die überwiegend von der Landwirtschaft lebten. Erst als sich die Côte d'Azur gegen Ende des 19. Jahrhunderts zu einem begehrten Reiseziel für wohlhabende

Abb. oben | *Eine Festung am Strand: das Château von Napoule*

Abb. links | *Diesen Weg sollte Laure nehmen – soweit Richis Plan*

Besucher aus aller Welt entwickelte, profitierte auch La Napoule davon. Um den anspruchsvollen Gästen angemessene Unterhaltungsmöglichkeiten zu bieten, investierte man kräftig in die Infrastruktur. So entstanden hier unter anderem der „Old Course", der älteste Golfplatz an der Côte d'Azur, sowie eine Pferderennbahn und ein Polofeld, auch der Hafen wurde ausgebaut. Insbesondere die Aristokraten der Belle Epoque schätzten das mondäne Seebad.

Im Jahr 1918 kaufte der reiche Amerikaner Henry Clews (1876-1937) das mittelalterliche Château von La Napoule. Der Sitz befand sich in einem verwahrlosten

Service | Adresse: Château de La Napoule, 06210 Mandelieu-La Napoule, Telefon: 04 93 49 95 05 | Öffnungszeiten: Vom 7. Februar bis zum 7. November täglich von 10 bis 18 Uhr, vom 8. November bis zum 6. Februar werktags von 14 bis 17 Uhr, an Wochenenden und Feiertagen von 10 bis 17 Uhr. | Eintritt: 4,60 Euro

Zustand und war kaum mehr als eine Ruine: Die beiden Wehrtürme waren stark beschädigt, in der Kapelle wohnten Schafe, und in einem Teilgebäude befand sich eine Glasfabrik. Henry und seine Frau Marie fingen sofort damit an, das Schloss in der Art zu restaurieren, wie es ihren Vorstellungen nach einmal ausgesehen haben musste. Während Marie in ihrer Rolle als Architektin aufging, betätigte sich Henry, der den Künstler Auguste Rodin bewunderte, als Bildhauer. Überall findet man Details, die ein wenig skurril wirken: In den Räumen, in denen das exzentrische Paar wie mittelalterliche Fürsten lebte und sich auch so kleidete, schauen groteske Gargoylen hinter Säulen hervor. Auch die Skulptur mit dem Titel „God of Humormystics" im Innenhof sieht eher ungewöhnlich aus.

Der schöne Garten wurde von Marie Clews angelegt. Hier mischen sich französischer und englischer Stil, überall findet man kleine Ruheinseln mit Brunnen. Nach dem Tod ihres Mannes fuhr Marie Clews mit der Restauration des Schlosses fort. Im Jahr 1951, acht Jahre vor ihrem Tod, gründete sie hier eine Stiftung zur Förderung internationaler Künstler.

ILE SAINT-HONORAT

Eine schöne Möglichkeit, um dem sommerlichen Trubel an der Côte d'Azur zu entfliehen, bieten die beiden Lerinischen Inseln Ile Saint-Marguérite und Ile Saint-Honorat, die in der Bucht von Cannes liegen. Die Ile Saint-Honorat ist mit vierzig Hektar Fläche die kleinere der beiden Inseln. In knapp einer Stunde hat man sie bequem umrundet. Der schöne Rundweg ist von Eukalyptusbäumen und Pinien gesäumt und

Auf der Klosterinsel Ile Saint-Honorat will Antoine Richis seine Tochter Laure vor dem Mädchenmörder in Sicherheit bringen. Soweit der Plan …

führt an sieben Kapellen vorbei, von denen einige noch aus dem Mittelalter stammen. Wirklich ruhig ist es hier, nur das Zirpen der Zikaden und der Schlag der Wellen an den Strand sind zu hören.

Zu Anfang des 5. Jahrhunderts errichtete der ursprünglich aus Trier stammende Heilige Honoratus auf der Insel ein Kloster, das sich im Lauf der Zeit zu einem der bedeutendsten Klöster des Abendlandes entwickelte. Im 8. Jahrhundert lebten hier bis zu achttausend Mönche, auch Ländereien auf dem Festland gehörten zum umfangreichen Besitz des Ordens. Dieser Reichtum weckte natürlich Neid und Begehrlichkeiten, und so wurde Saint-Honorat mehrfach von Sarazenen angegriffen und geplündert. Um die Mitte des 11. Jahrhunderts errichteten die Mönche zum Schutz gegen die Überfälle eine Trutzburg, das Monastère fortifié de

Abb. oben | *Eine Bilderbuchidylle: die Ile Saint-Honorat*

Abb. links | *Das versteht man also unter „jemandem ein Ohr abkauen"*

Abb. unten | *Wäre Laure hier sicher gewesen?*

Abb. oben | *Der zweigeschossige Arkadenhof im Inneren der Trutzburg*

SERVICE | Anreise mit dem Schiff von Cannes: Abfahrt am Quai des Iles. | Abfahrtszeiten für die Hin- und Rückfahrt fast stündlich, erste Hinfahrt um 8 Uhr, letzte Rückfahrt um 18 Uhr. | Preis für Hin- und Rückfahrt: Erwachsene 11 Euro, Kinder von 5 bis 10 Jahren 5 Euro, unter 5 Jahren frei. | Telefon: 04 92 98 71 38.

Saint-Honorat. Die imposante, an der Südspitze der Insel emporragende Wehranlage wurde bis zum 14. Jahrhundert weiter ausgebaut. Als die Insel im 15. Jahrhundert von Piraten besetzt wurde, diente die Festung mit ihrem mehrgeschossigen Arkadenhof und einer Zisterne in der Mitte gleichzeitig als Kloster. In den Jahren 1635 bis 1637 wurden beide Inseln von den Spaniern erobert. Aus dieser Zeit stammen die Kanonenbatterien auf den Kapellen, mit denen die Spanier die Sicherheit auf der Insel erhöhten.

Seit dem Ende des Mittelalters verlor das Kloster immer mehr an Bedeutung. Um 1800 schließlich lebte nur noch eine Handvoll Mönche auf der Insel, so dass das Kloster aufgelöst werden musste. Erst im Jahre 1869 zogen Zisterziensermönche aus Sénanque auf die Insel und setzten die klösterliche Tradition auf der Insel fort.

Heute leben im Kloster fünfundzwanzig Mönche nach einfacher und strenger Lebensweise. Die Kirche aus dem 19. Jahrhundert entspricht dem Grundsatz der Zisterzienser nach Einfachheit. So findet man hier keine Wandbilder, Statuen oder Verzierungen, und auch der Innenraum ist sehr schlicht gehalten.

In der Abtei befindet sich ein kleiner Laden, in dem man die von den Mönchen hergestellten Produkte kaufen kann. Dazu zählen die auf der Insel angebauten Weiß- und Rotweine sowie diverse Liköre.

Auf eigene Faust:
Parfum-Tour durch Grasse

Ausgangspunkt für eine Tour auf den Spuren des Parfums in Grasse ist der COURS HONORE CRESP, ein großes Plateau vor der Altstadt. Praktischerweise befindet sich in dem schönen, nicht zu übersehenden Gebäude des Palais de Congrès eines von zwei Büros der Touristeninformation von Grasse. Hier kann man sich vor dem Rundgang mit einem kostenlosen Stadtplan ausrüsten. Angenehmerweise hat Patrick Süskind in seinem Roman „Das Parfum" überwiegend die ohnehin sehenswertesten Plätze von Grasse als Schauplätze verwendet. Daher unterscheidet sich der Weg unseres Rundgangs nur wenig von der rund eineinhalbstündigen Tour durch die Altstadt,

Abb. oben | *Das Stadtwappen von Grasse: Schaf mit Bischofsstab*

Abb. unten | *Einer der Palazzi aus der Glanzzeit von Grasse*

die im Stadtplan eingezeichnet ist. Bei der Orientierung helfen außer dem Plan in den Boden eingelassene MESSINGTAFELN, die den Rundweg markieren.

Wir tun es bei unserer Parfum-Tour Grenouille nach und steuern als erstes den Place aux Aires im ehemaligen Gerber-

viertel an. Dazu gehen wir die Stufen vom Cours hinunter, überqueren die Straße, und schon betreten wir die Altstadt auf der ehemaligen Rue Droite, die heute den Namen RUE JEAN OSSOLA trägt. Nach dem Haus, in dem Antoine Richis mit seiner bezaubernden Tochter Laure gewohnt hat, suchen wir jetzt noch nicht, sondern biegen zunächst links ab in die RUE ADMIRAL DE GRASSE.

Abb. oben | *Der Blumenmarkt auf dem Place aux Aires*

Abb. rechts | *Ein beliebtes Ausflugsziel: die Altstadt von Grasse*

Abb. Mitte | *Hausfassaden in den Farben der Provence*

Abb. unten | *Einer der vielen Brunnen von Grasse*

Auf der rechten Seite sehen wir das rote Hôtel Court de Fontmichel aus dem 17. Jahrhundert. Das prächtige Gebäude lässt ein wenig von dem Reichtum der einflussreichen Bürger zur damaligen Zeit erahnen. Wir folgen dem Verlauf der Straße und erreichen nach wenigen Minuten den trapezförmigen PLACE AUX AIRES.

Erblickt man die vielen in der Mitte des Platzes aufgestellten Stühle und Tische der umliegenden Cafés, scheint es nur schwer vorstellbar, dass hier einst Wasser einen Kanal entlang geflossen ist. Im Gegensatz zu Grenouille werden wir hier jetzt nicht zu Mittag essen, sondern nach einem kleinen Rundgang über den provenzalischen Markt am nördlichen Ende des Platzes nach links in die kleine Gasse einbiegen.

Am kleinen Brunnen gehen wir die Treppe hinauf und gelangen auf den BOULEVARD DU JEU DE BALLON. Wie der Name verrät, vergnügte man sich hier in früheren Zeiten mit dem Ballspiel. Dafür haben wir jetzt keine Zeit, zudem würden wir damit den Zorn der motorisierten Verkehrsteilnehmer auf uns ziehen. So gehen wir bergauf zu dem schmucklosen Kreisverkehr. Genau dort, auf dem PLACE DE LA FOUX, lag im 18. Jahrhundert der Waschplatz, an dem im Roman eines der ermordeten Mädchen aufgefunden wurde. Noch ein paar Schritte weiter finden wir linker Hand das zweite Touristeninformationsbüro. An der Fassade des Gebäudes verweist ein Schild auf die SOURCE DE LA FOUX, lange Zeit die einzige Quelle, von der Grasse mit Wasser versorgt wurde.

Wir gehen den Weg zum Kreisverkehr zurück und wandern nach links die RUE MAXIMIN ISNARD hinunter. Weder suchen wir hinter der Monoprix-Filiale, die auf der linken Seite zu sehen ist, nach der Kabane in Madame Arnulfis Olivengarten, noch werden wir auf der heute reizlosen RUE DE LA LAUVE nach Überresten des Parfumeur-Ateliers fahnden. Stattdessen biegen wir nach rechts in die kleine Straße ein, die uns auf die Rue de l'Oratoire bringt.

Am Ende der Rue de l'Oratoire treffen wir wieder auf die RUE DROITE, in die wir rechts abbiegen. Von den zahlreichen kleinen Geschäften lassen wir uns nicht davon abbringen, unser nächstes Ziel, die Kathedrale, anzuschauen. Dazu biegen wir links in die erste Straße, die Rue Mougins Roquefort, ein. Nach einigen Metern sehen wir links einen Platz, der einen genaueren Blick wert ist: der PLACE DE LA POISSONNERIE, der von einem

etwas skurrilen, grünen Jugendstil-Baldachin geschützt wird. Die Fassaden der Häuser im Hintergrund erstrahlen in den für diese Region typischen Farben Gelb, Orange und Rot. Wir steigen die Treppe neben dem Brunnen mit den Arkaden hinauf und gelangen auf den PLACE DU PETIT PUY. Bevor wir das Innere der Kathedrale besichtigen, passieren wir neugierig das schmiedeeiserne Tor auf der linken Seite und stehen in einem Innenhof, den ein schöner Brunnen aus dem 19. Jahrhundert schmückt. Der Innenhof gehört zum HOTEL DE VILLE, dem Rathaus von Grasse.

Nachdem wir die KATHEDRALE von innen und außen besichtigt haben, genießen wir auf der Freifläche hinter der Kathedrale den schönen Blick in die Landschaft. Von hier aus geht es durch die Rue Gazan zurück auf die Haupteinkaufsstraße

Abb. links |
Der Eingang
zum Rathaus

der Altstadt, die Rue Jean Ossola. Unter den heutigen Hausnummern 14 und 16 befindet sich der Palazzo, in dem Süskind Antoine Richis hat wohnen lassen. Leider können wir den schönen Garten nicht besichtigen, da das Haus in Privatbesitz ist. Somit endet hier unsere Tour auf den Spuren von Jean-Baptiste Grenouille durch Grasse.

Anschließend gibt es zahlreiche Möglichkeiten, auf eigene Faust weitere Eindrücke von der Stadt zu sammeln. Man kann durch die von den Bürgern von Grasse auch „Kasbah" genannten verwinkelten Altstadtgassen streifen, eine der drei großen Parfumfabriken besuchen, die heute in Museen umgewandelt worden sind, oder im Restaurant Gazan in der Rue Gazan das aromatische Parfum-Menü genießen.

Geführte Parfum-Tour durch Grasse

Das Tourismusbüro von Grasse bietet eine Führung zu den Schauplätzen des Romans „Das Parfum" an. Der studierte Kunsthistoriker Laurent Pouppeville führt sachkundig durch die Altstadt und kennt auch interessante Orte und Hintergründe, die über den Inhalt des Romans hinausgehen. Die zweistündige Führung wird in englischer, französischer und italienischer Sprache angeboten, eine vorherige Anmeldung im Touristenbüro ist jedoch notwendig. Pauschalpreis für Gruppen: Für bis zu zehn Teilnehmer kostet die Führung ca. 97 Euro, ab elf Teilnehmern ca. 107 Euro und ab 21 Teilnehmern ca. 120 Euro.

Service | Office de Tourisme, Palais de Congrès, 22, Cours Honoré Cresp, 06130 Grasse. | Telefon: 04 93366666.

Nach Grasse und an die Côte d'Azur kommen

Empfehlenswert ist die Anreise von Deutschland, Österreich und der Schweiz aus mit dem Flugzeug. Die Anfahrt mit dem eigenen Auto ist dann attraktiv, wenn man eine Rundreise durch die Provence und entlang der Côte d'Azur unternehmen will.

Der nächstgelegene Flughafen ist der Aéroport Nice Côte d'Azur (NCE). Er liegt rund sieben Kilometer westlich des Stadtzentrums von Nizza und ist der wichtigste Flughafen an der französischen Mittelmeerküste und der zweitgrößte Flughafen Frankreichs.

Unter anderem fliegen folgende Airlines Nizza an:

Lufthansa, Germanwings (von Köln-Bonn), Easyjet (von Dortmund, Berlin Schönefeld, Basel, Genf), Hapag-Lloyd Express (von Hannover), dba (von Bremen, Hamburg, Düsseldorf, Stuttgart, München), Intersky (von Friedrichshafen), Swiss, Austrian Airlines, Air France

Vom Flughafen nach Grasse

Mit dem Bus dauert die Fahrt nach Grasse rund eine Stunde und kostet ca. 1,30 Euro. Abfahrtsort der Linie 500 ist der Bussteig 2 vor dem Terminal 1. Die Abfahrtszeiten findet man auf der Seite des Flughafens von Nizza unter www.nice.aeroport.fr.

Flexibler ist man natürlich mit einem Mietwagen. Die Stadt Grasse selbst kann man zwar mühelos zu Fuß erkunden, aber die Blumenfelder und die wunderschönen Bergdörfer im Hinterland wie Gourdon und St-Paul-de-Vence sind mit öffentlichen Verkehrsmitteln nur schwer zu erreichen.

Der Flughafen von Nizza liegt unmittelbar an der Autobahn. Der schnellste Weg nach Grasse führt über die A 8 in Richtung Cannes. Nach ungefähr zwanzig Kilometern stößt man auf die Abfahrt 42, an der Grasse bereits ausgeschildert ist.

ARRI

ROLL	SCENE

PERFUME

Prod.: Bernd Eichinger

Director: Tom Tykwer

Camera: Frank Griebe

Date: 07.09.05

24 FPS

Das Parfum

DER FILM

EIN JAHRHUNDERTBUCH FÜR DIE KINOS

Unmittelbar nach der Veröffentlichung des Romans „Das Parfum" im Jahr 1985 wusste Produzent Bernd Eichinger, dass er diese Geschichte eines Tages verfilmen wollte. Ein „Jahrhundertbuch" lag vor ihm, fand er. Doch der als öffentlichkeitsscheu geltende Autor Patrick Süskind lehnte zunächst ab. Sein Wunschkandidat war der amerikanische Regisseur Stanley Kubrick, der für seinen Perfektionismus bekannt war. Dieser jedoch hielt die Romanvorlage für unverfilmbar, so dass es lange Zeit so schien, als würde die Geschichte nie auf einer Kinoleinwand erscheinen. Erst nach dem Tod Kubricks im März 1999 signalisierte Süskind Bereitschaft, einem anderen Regisseur die Verantwortung für die Verfilmung anzuvertrauen. Im Januar 2001 war es dann endlich soweit: Bernd Eichinger kaufte die Rechte an der Verfilmung für geschätzte zehn Millionen Euro.

Abb. links |
… aaaaand action!

Eichinger zählt zu den bedeutendsten Filmproduzenten Deutschlands. Er besitzt Erfahrung in der Verfilmung literarischer Vorlagen und konnte mit „Der Name der Rose", „Das Geisterhaus" und „Fräulein Smillas Gespür für Schnee" internationale Erfolge feiern. Mit der Verfilmung des Romans „Das Parfum" plante er, an diese Erfolge anzuknüpfen.

Eichinger suchte nun nach einem geeigneten Regisseur. Eine Zeit lang sah es so aus, als würde die Wahl auf den Briten Ridley Scott fallen, der nach den Filmklassikern „Alien" (1979) und „Blade Runner" (1982) mit dem Oscar gekrönten und kommerziell sehr erfolgreichen Monumentalfilm „Gladiator" im Jahre 2000 ein grandioses Comeback feierte. Doch Anfang 2004 fiel die Entscheidung zu Gunsten des deutschen Regisseurs Tom Tykwer („Lola rennt", „Der Krieger und die Kaiserin", „Heaven"). Er, so äußerte sich Eichinger zuversichtlich, könne den Charakter des Buches am besten in Bilder umsetzen.

Abb. oben |
Der Chefsessel

Abb. rechts | *In dieser Halle entstand Baldinis Welt*

Abb. unten | *Eine „Kollegin" von Grenouilles Mutter bei den Dreharbeiten*

Der nächste Schritt war die Auswahl der Hauptdarsteller. Doch die Suche gestalte sich schwieriger als gedacht. Für die Rolle des Grenouille wurden die Hollywood-Stars Leonardo Di Caprio und Orlando Bloom gehandelt. Doch Di Caprio sagte ab, und

„Herr der Ringe"-Star Bloom passte Regisseur Tykwer nicht, so dass die ursprünglich bereits für 2004 geplanten Dreharbeiten verschoben werden mussten. Nach anderthalb Jahren Suche wurde Ende des Jahres 2004 eine Überraschung bekannt gegeben: Der hierzulande noch völlig unbekannte Brite Ben Whishaw sollte die Rolle des Jean-Baptiste Grenouille spielen.

Wenn schon die Hauptrolle mit einem relativ unbekannten Schauspieler besetzt wurde, so sieht man in weiteren Rollen prominente Gesichter: Dustin Hoffman spielt den Parfumeur Baldini, in die Rolle von Antoine Richis schlüpft Alan Rickman, bekannt aus den Harry Potter-Filmen als düsterer „Professor Snape". Seine rothaarige Tochter Laure spielt die zum Zeitpunkt der Dreharbeiten erst fünfzehnjährige britische Schauspielerin Rachel Hurd-Wood, die als Wendy in dem Film „Peter Pan" zu sehen war. In Nebenrollen trifft man unter anderem auf die Schauspielerinnen Corinna Harfouch als Madame Arnulfi, Karoline Herfurth als Grenouilles erstes Opfer und Birgit Minichmayr als Mutter von Grenouille.

Die Dreharbeiten des mit einem Budget von angeblich sechzig Millionen Euro teuersten deutschen Films aller Zeiten begannen im Sommer 2005. Insgesamt fünfundsiebzig Drehtage waren geplant. Im Juni entstanden die ersten Aufnahmen in den blühenden Lavendelfeldern der Provence. Der eigentliche Dreh begann Mitte Juli auf dem Gelände der Bavaria Film in Geiselgasteig bei München. Dort befindet sich die so genannte Bayerische Filmhalle. Mit einer Fläche von dreitausend

Quadratmetern ist sie das größte Filmstudio auf dem europäischen Festland. In dieser Halle wurde das Parfumeur-Atelier aufgebaut, in dem Baldini mit Grenouilles Hilfe seine Düfte kreiert. Alle Szenen, in denen Dustin Hoffman mitwirkt, wurden dort gedreht.

In der 320.000 Quadratmeter großen Bavaria Filmstadt können Besucher im Rahmen einer Führung die Drehorte verschiedener Produktionen besichtigen – so zum Beispiel die Außenkulisse aus der Daily Soap „Marienhof", das Original-U-Boot aus Wolfgang Petersens Oscar nominiertem Anti-Kriegsfilm „Das Boot", die Fabelwesen aus „Die unendliche Geschichte", das gallische Dorf und der römische Zirkus mit Folterkammer aus „Asterix und Obelix gegen die Gallier", und die verschiedenen großen und kleinen Kulissenstraßen. Leider soll die Kulisse von Baldinis Atelier dort nicht gezeigt werden.

KATALONIEN

Es war schon eine besondere Herausforderung für das Team, eine geeignete Kulisse für die Außenaufnahmen zu finden. In Paris existieren viele Schauplätze heute ohnehin nicht mehr in der Form, wie sie im Roman beschrieben werden: Weder ist die Pont-au-Change mit mehrstöckigen Häusern bebaut, noch verbreitet der Cimetière des Innocents seinen Leichengestank in der Stadt. Zudem gibt es im heutigen Paris kaum noch Straßenzüge, die eine realistische Atmosphäre des 18. Jahrhunderts vermitteln, so dass man nur mit sehr hohem Aufwand bei der digitalen Nachbearbeitung die gewünschte Atmosphäre hätte herstellen können. Es gab also keinen triftigen Grund, in der französischen Hauptstadt zu drehen. Das Team bereiste verschiedene Orte in Europa und wurde schließlich in Nordspanien fündig: Dort gibt es Plätze, Gärten, Gebäude, ja sogar ganze Straßenzüge, die noch aus dem Mittelalter stammen.

Bevor die Dreharbeiten begannen, wurden die Statisten gecastet. In der Zeit vom 11. bis 29. Juli 2005 fand in Barcelona die Auswahl statt. Eine Schwerstarbeit, denn gebraucht wurden insgesamt fünftausend Komparsen. Darunter sollten auch echte Fleischer, Glasbläser, Jongleure und Artisten sein, um die entsprechenden Figuren möglichst realitätsnah verkörpern zu können. Alle mussten bestimmte Voraussetzungen erfüllen, um in die Auswahl zu kommen. So sind sichtbare Tätowierungen oder Piercings für einen Handwerker oder ein Dienstmädchen aus dem 18. Jahrhundert ebenso unpassend wie bunt gefärbte Haare oder Rastalocken. Bevorzugt wurden außerdem Menschen mit einer eher blassen Hautfarbe, denn eine schöne Bräune wurde ebenfalls erst in jüngerer Zeit attraktiv. Im sonnenreichen spanischen Hochsommer gar nicht so leicht zu finden …

BARCELONA

BARRI GOTIC

Das Barri Gòtic, das Gotische Viertel in der Altstadt von Barcelona bot die ideale Kulisse, um das Paris des 18. Jahrhunderts in Szene zu setzen. Das Viertel mit seinen verwinkelten Gassen und kleinen sowie großen Plätzen ist der älteste Stadtteil von

Abb. oben | *Im Gotischen Viertel findet man versteckte Details*

Barcelona und eine der Top-Sehenswürdigkeiten der katalonischen Hauptstadt. Allerdings ist das Barri Gòtic alles andere als ein Freilichtmuseum, sondern ein lebendiger Stadtteil mit traditionellen Geschäften, aber auch trendigen Boutiquen und Szenebars.

Abb. oben | *So sieht es hier ohne Schlamm auf der Straße aus*

Abb. rechts | *Die Plaça Nova vor der Kathedrale*

Zunächst mussten die Behörden der Stadt überzeugt werden, den Filmaufnahmen und den dazu notwendigen Verkehrsabsperrungen zuzustimmen. Grundsätzlich ist man in Barcelona sehr offen für derartige Projekte; gerne würde sich die katalanische Metropole einen festen Platz auf Europas Filmlandkarte erobern. Aber als das Parfum-Team deutlich machte, dass natürlich die Straßen und Gebäude optisch dem Erscheinungsbild des 18. Jahrhunderts angepasst werden müssten, wurde einiges Verhandlungsgeschick erforderlich. Klar, dass alle Zeichen moderner Zivilisation wie Laternen, Leuchtreklamen, Werbeschilder der Geschäfte entfernt oder hinter Attrappen versteckt werden mussten. Außerdem existierte zur damaligen Zeit in Paris auch noch keine Kanalisation. Dementsprechend waren die Straßen knöchelhoch mit Schlamm bedeckt, und die Fassaden der Häuser ebenfalls verschmiert. Auch dieses nicht unwesentliche Szenario sollte im Film so authentisch wie möglich dargestellt werden.

Eine der Straßen im Gotischen Viertel, die Tom Tykwer als Drehort ausgesucht hatte, war die Carrer de Ferran. Diese Straße, eine gut besuchte Ladenstraße, zweigt von der berühmten Flaniermeile Las Ramblas ab. Die Stadtväter stimmten dem Dreh schließlich unter einer Bedingung zu: Nur für einen einzigen Sonntag Anfang August des Jahres 2005 durfte hier abgesperrt und gefilmt werden. Bis zum Montagmorgen mussten nicht nur die Aufnahmen im Kasten sein, sondern auch der Dreck und alle weiteren Spuren der Dreharbeiten wieder restlos beseitigt werden. Nachvollziehbar, dass Tom Tykwer später in einem Interview, das er dem „Stern" gegeben hatte, sagte: „Dieses Wochenende war wirklich der Wahnsinn!"

Grenouilles erster Mord wurde komplett im Barri Gòtic in Szene gesetzt. Auf der Plaça Nova vor der Kathedrale wurde das Feuerwerk gezündet, das in Süskinds Roman auf der Pont Royal in Paris stattfindet. Die Mirabellenverkäuferin, Grenouilles erstes Opfer, geht von dort aus die Carrer del Bisbe entlang, wo ihr die Menschen bewundernd nachschauen. Der Brunnen, an dem der „Unfall" passiert, steht auf der Plaça de Sant Felip Neri. Auf dem ruhigen, etwas versteckt liegenden Platz in der Nachbarschaft der Kathedrale befindet sich eine gleichnamige Barockkirche aus dem 18. Jahrhundert, die Spuren von Einschusslöchern trägt – natürlich nicht von den Dreharbeiten, sondern aus der Zeit des Spanischen Bürgerkriegs.

Außerhalb des Gotischen Viertels, in der Nähe des Hafens, liegt die Plaça de la Mercè. Auf diesem Platz wurde am 17. August 2005 der Markt nachgestellt, auf dem Grenouille zur Welt kommt.

PLAÇA REIAL

Weitere Szenen drehte Tykwer auf der Plaça Reial, einem der schönsten Plätze Barcelonas. Der Platz wurde um die Mitte des 19. Jahrhunderts angelegt und ist von ockerfarbenen klassizistischen Arkadenbauten umgeben. Viele Palmen und der Brunnen in der Mitte laden zum Verweilen ein. Die Laternen auf dem Platz stammen von dem berühmten katalanischen Architekten Antoni Gaudí.

Direkt an diesem Platz, in der Carrer Vidre, liegt die Herboristeria del Rei, wo man Pflanzen und Heilkräuter erstehen kann. Die „königliche Kräuterhandlung" wurde im Jahr 1823 gegründet und ist eines der ältesten Geschäfte in Barcelona. Für den Film wurde das schöne Ladenlokal angemietet und komplett zu einer Parfumerie umdekoriert. Einen ganzen Tag lang wurde innerhalb und außerhalb des Ladens gefilmt. Die Szene, in der der Hund irritiert an Grenouille schnüffelt, musste mehrfach wiederholt werden, bevor sie endgültig im Kasten war.

PARC DEL LABERINT D'HORTA

Obwohl im südfranzösischen Grasse die architektonischen Voraussetzungen für die Dreharbeiten sicherlich geeigneter gewesen wären als in Paris, wurden sämtliche Szenen, die in Grasse spielen, aus Kostengründen ebenfalls in Spanien gedreht. Als Kulisse für das Anwesen von Antoine Richis wählte man den Parc del Laberint d'Horta, ein ehemaliges Landgut im nördlich von Barcelona gelegenen Bezirk Horta-Guinardó. Dieses Anwesen gehörte Ende des 18. Jahrhunderts dem Marquis Joan Antoni Desvalls. Der Garten gilt heute als einer der schönsten Gärten von Barcelona; überall sind

dekorative Elemente wie Skulpturen, Ton-
scherben und Wasserspiele zu finden. Wie sein
Name verrät, bildet ein aus Zypressen an-
gelegtes Labyrinth in der Mitte die Haupt-
attraktion des Gartens. Hier entstand die Film-
szene, in der Richis von der Terrasse des Palais
seiner Tochter Laure zuschaut, während sie
nachts durch das Labyrinth läuft. Auch in dem
recht heruntergekommenen Palais entstanden
einige Szenen, wie zum Beispiel die Feier-
lichkeiten zum 16. Geburtstag von Laure.

Lange Zeit war der Park in Privatbesitz
von Desvalls Nachfahren. Im Jahr 1971 über-
gab die Familie den Park an die Stadt. Heute
ist die mehr als neun Hektar große Anlage
als Freiluftmuseum der Öffentlichkeit zugänglich.

POBLE ESPANYOL

D ie zweifellos spektakulärste und
schwierigste Szene des Films entstand im Poble Espanyol: die Hin-
richtungsszene. Bekanntermaßen wird aus der
geplanten Hinrichtung Grenouilles auf dem

Abb. rechts | *Heute findet hier keine Massenorgie statt*

Abb. Mitte | *Ein Dorf in der Stadt: das Poble Espanyol*

Cour von Grasse eine Massenorgie. In der Zeit zwischen dem 2. und dem 12. September 2005 lagen hier zeitweise bis zu siebenhundertfünfzig Menschen völlig nackt nebeneinander, umarmten, küssten und streichelten sich „in bedingungsloser Liebe" – ein tolles Schauspiel. In der Romanvorlage ist sogar die Rede von zehntausend Menschen, aber im fertigen Film hilft dabei der Einsatz moderner Computertechnik. Denn schließlich ist es für einen Regisseur schon schwierig genug, die vorhandene Anzahl von Komparsen zu dirigieren und effektvoll in Szene zu setzen.

Um eine flüssige und glaubwürdige Choreografie zu gewährleisten, wurde die spanische Theatergruppe „La Fura dels Baus" zu Hilfe geholt. In einer Turnhalle in Barcelona lernten die Laiendarsteller, die in verschiedene Gruppen eingeteilt wurden, die Bewegungsabläufe schon im Vorfeld der Aufnahmen. Dabei wurden auch Entspannungsübungen trainiert, denn für die meisten ist es schließlich nicht alltäglich, sich vor hunderten mehr oder weniger fremden Leuten auszuziehen. Ein wichtiger Tipp dabei: Damit die Szene nicht wie eine reine Sex-Szene erschien, sollten die Darsteller sich bei den Berührungen immer nur direkt in die Augen schauen.

Die Location war für die Aufnahme dieser schwierigen Szene ideal: Nicht nur, dass die Gebäude auf dem Gelände optisch der Architektur des 18. Jahrhunderts entsprechen, auch der Zugang zum Poble Espanyol ist nur durch ein einziges Tor möglich, so dass Schaulustige von den Aufnahmen leicht ferngehalten werden konnten. Man mag sich kaum vorstellen, welchen Zuschaueransturm eine Szene mit über siebenhundert Nackten ausgelöst hätte!

Ursprünglich wurde das Poble Espanyol natürlich nicht für Orgienszenen gebaut. Wie ein kleines Dorf in der Stadt erstreckt sich das Gelände im Westen des Hügels Montjuïc auf einer Fläche von beinahe fünfzig Hektar. Zur Weltausstellung von 1929 sollte die spanische Architektur und Handwerkskunst an diesem

Ort präsentiert werden. Insgesamt wurden einhundertsiebzehn Gebäude in der jeweils typischen Architektur der unterschiedlichen spanischen Regionen errichtet, dazwischen wurden Gassen und Plätze angelegt. Ursprünglich sollte das Dorf nach der Ausstellung wieder abgerissen werden, aber die große Begeisterung zahlreicher Besucher führte dazu, dass es erhalten blieb.

Heute wie damals ist das Dorf ein Freiluftmuseum, wo Besucher aus aller Welt die spanische Kultur kennen lernen können. In rund vierzig Werkstätten und Ateliers lassen sich Kunsthandwerker wie Töpfer, Goldschmiede, Maler, Glasbläser, Puppenmacher und viele andere bei der Arbeit zuschauen. Dennoch ist das Poble Espanyol kein reines Touristenvergnügen. Abends und nachts ziehen die Bars und Restaurants auch viele Einheimische an.

SERVICE | Adresse: Poble Espanyol; Av. Marquès de Comillas, 13; Barcelona. Telefon: 93 50 86 300. Internet: www.poble-espanyol.com | Öffnungszeiten: täglich geöffnet ab 9 Uhr. Montags bis 20 Uhr, dienstags bis donnerstags bis 2 Uhr, freitags und samstags bis 4 Uhr, sonntags bis 24 Uhr. | Eintritt: ca. 7,50 Euro, ermäßigt ca. 5,50 Euro. Kinder von 7 bis zu 12 Jahren ca. 4 Euro. Nachts kostet der Eintritt ca. 4 Euro.

MARTORELL

Nächster Schauplatz der Dreharbeiten war der westlich von Barcelona gelegene Ort Martorell. Hier wurde eine alte Schule kurzfristig zum Waisenhaus umgewandelt. Für das Casting suchte man ausdrücklich nach dünnen Kindern. Klar, dass ein Waisenkind damals nicht viel Fleisch auf den Knochen hatte.

DIE PROVINZ GIRONA

BLANES/COSTA BRAVA

Mitte September 2005 fuhr das Filmteam in seinen weißen Trucks mit der Ausrüstung weiter nach Norden in die spanische Provinz Girona. Die erste Station war Blanes, der südlichste Ort an der Costa Brava. Der Ferien- und Fischerort liegt an einer Bucht mit schönen Stränden, glücklicherweise herrscht hier deutlich weniger Massentourismus als im berüchtigten Nachbarort Lloret de Mar. In der Altstadt befinden sich zahlreiche historische Gebäude, aber das Filmteam suchte einen anderen Ort für die Dreharbeiten aus.

Auf einem Felsen oberhalb des Hafens liegt „El Convent", ein ehemaliges Kloster aus dem Jahr 1583. Das schön restaurierte

Abb. links | *Nicht nur zum Filmen geeignet, sondern auch zum Urlaub machen: Blanes*

Abb. unten | *Der Riu Onyar teilt die Stadt Girona in zwei Hälften*

Gebäude inmitten eines alten Pinienbestandes ist heute in Privatbesitz und wird häufig für Hochzeitsfeiern angemietet. Bekannt sind auch die Musikfestspiele, die jedes Jahr im Juli und August hier stattfinden. Von dem Felsen eröffnet sich ein wunderschöner Ausblick auf das Meer, aber im Film ist davon nichts zu sehen. Das Gebäude dient als Schauplatz einer Parfumfabrik in Grasse – und die provenzalische Stadt liegt nicht am Wasser.

GIRONA

Rund einhundert Kilometer nordöstlich von Barcelona liegt die Provinzhauptstadt Girona. Von dort aus sind die Strände der Costa Brava im Sommer ebenso schnell erreichbar wie die Skipisten der Pyrenäen im Winter. Wegen ihrer strategisch günstigen Lage und ihrer Nähe zu Frankreich war Girona über Jahrhunderte hinweg immer wieder umkämpft. So findet man in der mittelalterlichen Altstadt noch heute Spuren der ehemaligen

Abb. rechts | *Schöne Häuser am Fluss Onyar*

Abb. unten rechts | *Standhaft seit dem 12. Jahrhundert: die Brücke von Besalú*

Eroberer – von den Römern, Westgoten, Mauren und Franken bis hin zu Napoleon.

Die historische Altstadt von Girona, das Barri Vell, zählt zu den am besten erhaltenen Spaniens. Im Zentrum liegt das ehemalige Judenviertel Call, ein Labyrinth aus kleinen Gassen und steilen Treppenwegen. Überragt wird die Altstadt von der Kathedrale, mit deren Bau im 11. Jahrhundert begonnen wurde. Weil die Arbeiten jedoch sechs Jahrhunderte lang andauerten, ist das Ergebnis eine Mischung verschiedenster Baustile. Erwähnenswert: Im Inneren der Kathedrale findet sich das mit dreiundzwanzig Metern breiteste gotische Kirchenschiff der Welt.

Das Gassengewirr in der Altstadt von Girona wurde für die Szenen, die in Grasse spielen, ausgewählt. Um das Barri Vell authentisch aussehen zu lassen, war es natürlich auch hier erforderlich, Ampeln, Regenrinnen und die Stadtbeleuchtung optisch verschwinden zu lassen. Während der Dreharbeiten in der Zeit vom 19. bis 24. September 2005 wurden zahlreiche Straßen und Gassen nicht nur für Autos, sondern auch für Fußgänger gesperrt – zum Wohl der Passanten, denn wie schon in Barcelona wurde auch auf diesen Straßen mit Schlamm nicht gespart.

Ab dem 29. September 2005 wurde die mittelalterliche Festung des Castillo de Requesens in der Nähe der Stadt Cantallops Schauplatz einiger Szenen. Vier Tage später zog die Crew weiter nach Besalú, an einen der am besten erhaltenen mittelalterlichen Orte Kataloniens. Als „conjunto histórico artistico" steht das Dorf vollständig unter Denkmalschutz. Wahrzeichen des Ortes ist die beeindruckende romanische Brücke mit den beiden Wehrtürmen, die sich über den Fluß Fluviá spannt. Auch dort entstanden einige Filmszenen.

SERVICE | Adresse:
Teatro-museo Dalí,
Plaça Gala i Salvador
Dalí, 5, Figueres. Telefon:
972 67 75 00. Internet:
www.dali-estate.org |
Öffnungszeiten: von
Oktober bis Januar von
10.30 bis 17.45 Uhr, mon-
tags geschlossen, außer
an Feiertagen. Von Juli
bis September täglich
(auch montags) von 9
bis 19.45 Uhr. | Eintritt:
ca. 10 Euro, ermäßigt
ca. 7 Euro. Kinder unter
9 Jahren haben freien
Eintritt.

Figueres ist ein recht beschauliches Provinzstädtchen weitere vierzig Kilometer nördlich von Girona. Der bekannteste Einwohner war zweifellos der Maler Salvador Dalí, der 1904 hier geboren wurde. Seinetwegen ist die Stadt heute noch Ziel zahlreicher Tagesausflügler: Das in den 1980er Jahren von Dalí konzipierte „Teatre-Museu" beherbergt die weltweit größte Sammlung seiner Kunst. Anhand der ausgestellten Werke lässt sich der künstlerische Werdegang des extravaganten Genies genau verfolgen: von seinen ersten Skizzen und Zeichnungen über die weltberühmten surrealistischen Bilder bis hin zu den Werken der letzten Lebensjahre. Auch das Museumsgebäude mit den weißen Beton-Eiern auf dem Dach ist ein Kunstwerk. Nach seinem Tod im Jahr 1989 wurde Salvador Dalí auf seinen Wunsch hin in der Krypta des Museums beigesetzt.

Wichtiger als das Dalí-Museum war für das Filmteam das rund einen Kilometer entfernt liegende Castell de Sant Ferran. Die weitläufige Festung wurde 1753 zur Sicherung der Pyrenäengrenze gegen französische Angriffe erbaut. Mit einem Mauerumfang von über drei Kilometern und einer Fläche von zweiunddreißig Hektar gilt das Castell als

Abb. oben | *Genauso exzentrisch wie der Künstler: die Architektur des Dalí-Museums*

Abb. links | *Der Eingang zur skurrilen Kunstsammlung*

die größte Verteidigungsanlage Europas. Noch bis in das 20. Jahrhundert hinein wurde sie militärisch genutzt; der berühmteste Rekrut, der hier seinen Wehrdienst abgeleistet hat, war niemand anderes als Salvador Dalí.

Die monumentalen Militärgebäude mit ihren bis zu drei Meter dicken Verteidigungsmauern, Wachtürmen, kilometerlangen Wehrgängen und Brunnen werden anscheinend gerne als Kulisse verwendet: „Das Parfum" war bereits der dritte Film, der im Jahr 2005 dort gedreht wurde. Mitte Oktober 2005 wurden hier die letzten Szenen abgedreht.

SERVICE | Adresse: Castell de Sant Ferran, Calle de la Pujada al Castell, Figueres. Telefon: 972 50 60 94 | Öffnungszeiten: vom 1. Juli bis 15. September: täglich von 10.30 bis 20 Uhr; in der restlichen Zeit von 10.30 bis 15 Uhr. | Eintritt: ca. 3 Euro.

Allen Leseratten, die über den historischen Hintergrund noch mehr erfahren wollen, als es in diesem Reiseführer darzustellen möglich war, seien folgende Bücher empfohlen:

LOUIS-SEBASTIEN MERCIER: „TABLEAU DE PARIS"

Der wohl wichtigste französische Chronist, der uns vom Paris des 18. Jahrhunderts berichtet, ist Louis-Sébastien Mercier (1740-1814). Er ist der erste Großstadt-Reporter der Geschichte. In seinem zwölfbändigen Werk „Tableau de Paris" (1782-1788) stellte Mercier Impressionen aus dem Alltagsleben der Großstadt zusammen. Darin enthalten sind mehr als eintausend Kapitel, von denen für die verschiedenen deutschen Übersetzungen jeweils nur einige gezielt ausgewählt wurden. Mercier durchstreifte Paris, blickte in verborgene Winkel und interessierte sich für die unterschiedlichsten Themen.

Die mit „Mercier" gekennzeichneten Zitate im vorliegenden Reiseführer stammen aus der Sammlung „Paris am Vorabend der Revolution", erschienen im Amadis Verlag Karlsruhe (1967), übersetzt von Günter Metken. Die mit „Mercier Bild" gekennzeichneten Passagen stammen aus dem Buch „Mein Bild von Paris", erschienen im Insel-Verlag Leipzig (1979). Beide Bücher sind nur noch in Antiquariaten, oder mit etwas Glück auch über e-bay erhältlich.

ALAIN CORBIN: „PESTHAUCH UND BLÜTENDUFT"

Alain Corbin, geboren 1936, ist Professor für Geschichte an der Sorbonne in Paris. Er ist Autor zahlreicher Bücher, überwiegend zu Themen aus dem 18. und 19. Jahrhundert. Sehr fundiert und umfassend beschreibt er in seinem Buch „Pesthauch und Blütenduft" (1984) die Sozialgeschichte des Geruchs. Bei der Lektüre dieses Buches merkt man, dass sich Patrick Süskind von Corbins Ausführungen inspirieren ließ, wie beispielsweise für die Erklärungen zur „Fluidaltheorie". Darüber werden die von Süskind geschilderten Zustände im Paris des 18. Jahrhunderts anhand zahlreicher zeitgenössischer Quellen belegt. Das Buch ist als gebundene Ausgabe vom Verlag Wagenbach, Berlin, im Jahr 2005 neu aufgelegt worden.

PLAN DE TURGOT

Der Plan de Turgot ist eine der schönsten Darstellungen vom Paris des 18. Jahrhunderts. Es war die Zeit vor den großen Umbauarbeiten unter Napoléon III. und Baron Haussmann, die das Antlitz der Hauptstadt vollkommen veränderten. Insgesamt besteht der Plan aus einundzwanzig einzelnen großformatigen Bögen, die zu einem riesigen Plan in der Größe von rund zweieinhalb mal drei Metern zusammengesetzt werden können. Deutlich sind darauf die einzelnen Straßen, Häuser, Kirchen, ja sogar Gärten und einzelne Bäume zu erkennen. Im Jahr 1734 entschied der damalige Bürgermeister von Paris, Michel Etienne Turgot, einen neuen, detaillierten Plan von Paris anfertigen zu lassen. Er beauftragte den Künstler Louis Bretez damit, die Stadt und die Vororte vollständig und naturgetreu darzustellen. Ganze zwei Jahre benötigte er, um den Plan fertig zu stellen. Weitere drei Jahre dauerte es, bis die Druckplatten fertig waren, so dass der Plan erstmals im Jahr 1739 erschien. Diese Druckplatten befinden sich heute im Besitz des Louvre.

Heutzutage ist das Buch mit den einundzwanzig Bögen nur schwer zu bekommen. Kleinere Poster, die die Gesamtansicht von Paris zeigen, gibt es unter anderem im Shop der Bibliothèque Historique Paris in der Rue Malher zu kaufen.

GERUCHSREISE IN DIE PROVENCE

Wer sich auf Grenouilles Spuren in die Provence begeben möchte, wird beim Online-Reiseanbieter itravel.de fündig. Der Spezialist für hochwertige Individualreisen bietet eine dreitägige Reise in die Parfümstadt Grasse an. Zwei Übernachtungen in einem stilvollen provenzalischen Landhaus, Mietwagen, eine Stadtführung, der Besuch einer Parfumerie und die Kreation eines eigenen Parfums kosten ab ca. 504 Euro pro Person.

SERVICE | Infos und Buchung unter www.itravel.de oder Telefon 0221/5341090

NACHWEIS DER ZITATE

Alle nicht gesondert gekennzeichneten Zitate auf den Seiten
7 bis 125 sind entnommen aus: Patrick Süskind, Das Parfum. Die
Geschichte eines Mörders. Tb, Diogenes Verlag, Zürich 1994.

ABBILDUNGSNACHWEIS

Covermotiv: William Manning/Corbis

akg images/Hoffbauer: S. 17

Bavaria Film/Manfred Lämmerer: S. 111

Créa3P: S. 12

Philippe Dufour: S. 64

Michael Engler: Karte S. 67

Antonio Fernandez: S. 121 o.

Mit freundlicher Genehmigung der Fundació
Gala-Salvador Dalí: S. 124, 125

Mit freundlicher Genehmigung von Galimard: S. 5 u., 71 u.

José Antonio Gómez: S. 113, 114, 115, 116, 117 o.

Manfred Kaczerowski: S. 6, 31, 39, 40 o., 43 u., 44 u., 58

Eugenia Llano Vázquez: S. 110 u.

Philippe Migeat und Georges Méguerditchian/Centre
Pompidou: S. 27, 29, 30

Oliver Mittelbach: S. 4, 8, 11, 13, 16, 18, 20, 21, 22, 23, 24, 28,
33, 36, 37, 40 u., 41, 42, 43 o., 44 o., 46, 48, 49, 50, 51, 53, 55,
56, 57, 59, 60, 61, 68, 72 o., 73, 75, 77, 80, 81, 82, 84 o., 84 u.,
85, 87, 96 o., 96 u., 98, 99, 100, 101 o., 101 u., 102, 104 u., 105
u., 106

DER AUTOR

Nach einer Werbekarriere für bekannte
Marken wie Wella oder Coca-Cola arbeitet
Oliver Mittelbach heute selbstständig als
Marketingberater. Seine Leidenschaft für
gute Reiseliteratur lebte er im Intenet aus,
wo er Online-Reiseführer veröffentlichte.
Dann kam ihm die Idee zum weltweit ersten
Dan-Brown-Reiseführer. Sein Erstling „Dan
Browns Thriller-Schauplätze als Reiseziel",
erschienen 2005, wurde inzwischen in zehn
Sprachen übersetzt.

IMPRESSUM

Oliver Mittelbach
Leseratten unterwegs. Auf den Spuren von Patrick Süskinds
„Das Parfum". Eine Reise zu Romanschauplätzen

© books&friends GmbH, Essen

VERLAGSANSCHRIFT
Alfredstraße 108
45131 Essen
E-Mail: info@booksandfriends.de
Internet: www.booksandfriends.de

Gestaltungskonzept & Cover:
Art des Hauses Kommunikationsdesign
Anne Franke | André Maaßen | Daniel Klafke | Sebastian Heger
Hagen-Hohenlimburg

Druck und Verarbeitung: TZ Verlag & Print GmbH, Darmstadt

1. Auflage Juli 2006
ISBN 3-9810996-0-5
ISBN 13: 978-3-9810996-0-7

Leseratten unterwegs. Band 1

Dan Browns Thriller-Schauplätze als Reiseziel

Der weltweit erste Guide für Thriller-Touristen führt
durch die schönsten Metropolen Europas. Hier gibt
es alle Reise-Informationen für die Fans von Dan
Browns Romanen – im Pocket-Format und vor allem:
völlig ungefährlich.

Besuchen Sie uns im Internet:
www.booksandfriends.de

Leseratten unterwegs. Band 3

Auf den Spuren von Donna Leons Romanen

Dieser Reiseführer zu den Schauplätzen der Krimi-Handlungen liest sich wie ein Lifestyle-Guide durch das heutige Venedig – so viele Insider-Tipps hat wohl selten ein Venedig-Führer versammelt.

Besuchen Sie uns im Internet:
www.booksandfriends.de